La Philosophie Allemande

au XVIIe Siècle

BIBLIOTHÈQUE D'HISTOIRE DE LA PHILOSOPHIE

LA PHILOSOPHIE ALLEMANDE AU XVIIe SIÈCLE

Les Prédécesseurs de Leibniz : Bacon, Descartes
Hobbes, Spinoza, Malebranche, Locke
et
la Philosophie de Leibniz

COURS DE

M. Emile BOUTROUX

PROFESSÉ A LA SORBONNE EN 1887-88

PARIS
LIBRAIRIE PHILOSOPHIQUE J. VRIN
6, PLACE DE LA SORBONNE (V[e])
1948

QUELQUES MOTS DE L'ÉDITEUR

Le cours d'Emile Boutroux sur la Philosophie Allemande au XVIIe siècle *a été professé à la Sorbonne en 1887-88. Il comprend vingt-et-une leçons. Les douze premières, rédigées par un boursier d'agrégation et revues par le professeur lui-même, ont déjà paru, de Mars à Octobre 1888, dans le Bulletin de l'Association des Elèves et Anciens Elèves de la Faculté des Lettres de Paris, intitulé* « La Faculté des Lettres ». *Les neuf dernières, transcrites en vue de leur publication par le même étudiant, étaient restées inédites jusqu'à ce jour. Elles n'ont été l'objet d'aucune retouche de la part de leur auteur regretté ; mais elles sont la reproduction aussi fidèle que possible de son enseignement.*

Il nous a paru que toutes méritaient d'être entièrement sauvées de l'oubli. Ceux qui ont eu le bonheur de les entendre y retrouveront, sous leur forme simple et sans prétention, les idées toujours profondes et pénétrantes du penseur qui les a conçues et exposées. Je voudrais que les autres puissent participer en quelque sorte à l'action qu'elles ont exercée sur tous les auditeurs. Qu'ils se représentent l'Amphithéâtre de la vieille Sorbonne rempli d'un public bourdonnant de professeurs et d'étudiants de philosophie. On attend Monsieur Boutroux. Tout à coup il paraît, grand, maigre, le visage long et étroit , légèrement pâle, les yeux vifs et un peu enfoncés. Le silence se fait, c'est le recueillement avant la méditation en commun. Le Maître s'assied, tire de sa poche un cahier de notes qu'il pose loin de lui sur la table et n'ouvrira jamais. Sa voix, d'abord faible, s'anime peu à peu, sans aucun souci oratoire, sans recherche de l'effet à produire. Point de lecture, ni de citation textuelle. Ce n'est pas un érudit qui reflète les idées d'autrui ; c'est un philosophe qui y a longtemps réfléchi, une pensée qui les repense et les revit devant vous ; c'est une âme qui parle à des âmes.

Je serais heureux si ces paroles d'il y a quarante ans, incomplètement fixées dans les notes qui suivent, soulevaient encore, à la lecture, les mêmes émotions, salutaires et vivifiantes.

AM. PAGÈS.

LA PHILOSOPHIE ALLEMANDE

au XVIIe Siècle

CHAPITRE PREMIER

La Philosophie de Leibniz

Il semble, au premier abord, qu'après avoir examiné les systèmes d'Eckhart, de Paracelse et de Bœhme, je devrais, traitant exclusivement de la philosophie allemande, passer à l'exposition du système de Kant. Leibniz, en effet, est rarement considéré comme un intermédiaire allemand entre le XVIe et le XVIIIe siècle. On fait de lui un disciple de Descartes et il est d'usage, du moins chez nous, de le faire rentrer dans la série des philosophes français du XVIIe siècle. Essayons de voir, toutefois, si Leibniz est vraiment un Cartésien et s'il n'a pas quelques affinités avec l'ensemble de la philosophie allemande.

1. C'est une opinion, reçue chez nous, que Leibniz se rattache à la Philosophie Française. M. Cousin dit qu'il est aux trois quarts Cartésien. Selon Saisset (1), Leibniz a *corrigé* la Philosophie Cartésienne en y introduisant l'idée de force trop négligée par Descartes. Enfin M. Bouillier appelle le Leibnizianisme une réforme de la Philosophie de Descartes. Au Mécanisme fut substitué le Dynamisme. — Or, tout en admettant que Leibniz a corrigé ou réformé Descartes, on

(1) Saisset, *Précurseurs et disciples de Descartes*. Paris, vol. in 8, 1862.

ne fait pas moins de celui-là un disciple de celui-ci. La dépendance par *voie de réaction* n'est pas moins réelle que la dépendance de maître à disciple. Leibniz peut avoir réformé la philosophie de Descartes et appartenir toutefois à la Philosophie Française.

2. Il y a une autre opinion d'après laquelle il n'y aurait pas un abîme entre Leibniz et Kant. M. Nolen (1) a le premier, chez nous, montré dans Leibniz moins le disciple de Descartes que le prédécesseur de Kant. Il voit tous les germes des principes de la Raison Pure et de la Raison pratique dans la Philosophie Leibnizienne. — Il est inutile d'ajouter que les Allemands font de Leibniz un philosophe allemand, quoiqu'il ait écrit en français.

Telles sont les deux opinions : Leibniz est Français aux yeux des uns, Allemand aux yeux des autres.

On peut trouver de fort bons arguments en faveur de la première thèse.

Au début de sa carrière philosophique (1663), Leibniz ne connaît pas le Cartésianisme, comme le prouve sa thèse *De Principio individui* où il est nominaliste, mais à la façon de Duns Scot (2). Rien n'y annonce la théorie de la Monade. — Puis Leibniz prend connaissance du Cartésianisme et alors apparaît une Philosophie originale. Dans sa *Theoria motus abstracti* et sa *Theoria motus concreti* (1670), il corrige la doctrine de Descartes sur la conservation de la force, donne une théorie du mouvement et ébauche sa théorie de la substance. Leibniz, à cette époque, est tout à fait Cartésien ; il veut même faire d'Aristote un précurseur de Descartes. La matière, la forme et le changement, principes physiques

(1) Nolen, *La critique de Kant et la métaphysique de Leibniz*. Paris, 1 vol. in-8, 1875.

(2) « Leibniz a condamné la doctrine qui place le principe de l'individualité dans l'*hæcceitas*, résultant de la limitation de la *species* par la *differentia individualis*. » Cf. Boutroux, p. 35 de son *Introduction à la Monadologie*.

admis par Aristote, correspondent, dit-il, aux principes de Descartes : matière, étendue, mouvement. Leibniz ne voyait pas que ces expressions sont prises par Aristote au point de vue métaphysique et que sa philosophie est essentiellement un Finalisme.

En 1672, Leibniz va à Paris, et là, il étudie à fond la doctrine Cartésienne. Or, à partir de ce moment, Leibniz conçoit les principales doctrines de sa philosophie. Dès 1685 les traits essentiels en sont fixés, et vers 1695 elle est achevée, comme l'indique son ouvrage : « *Le Système Nouveau de la nature et de la communication des substances* », où il rattache sa théorie de la Monadologie et de l'Harmonie Préétablie au Cartésianisme.

Telles sont les preuves extrinsèques : en voici maintenant d'intrinsèques : Comment Leibniz arrive-t-il à la conception de la Monade ? N'est-ce pas en cherchant à résoudre le problème de la substance ? Or c'est là précisément le problème essentiel de la philosophie de Descartes. Leibniz cherche ce qu'il peut y avoir de permanent sous les changements que présentent les choses ; il repousse l'Etendue, parce qu'elle ne possède pas cette permanence qu'il cherche : l'Etendue est, en effet, divisible à l'infini. Elle ne peut pas être la substance, au sens cartésien du mot.

Ces spéculations métaphysiques sur la substance l'amènent à découvrir que le corps suppose quelque chose de supérieur et d'indépendant par rapport à l'Etendue, et ce quelque chose est la Substance ; mais ce concept est chez lui un moyen terme entre le spirituel et le corporel. Il faut que la Substance soit *une*. L'Etre, la Substance et l'Unité sont réciproques. Le Sujet doué d'aperception et d'appétition, voilà la substance.

Enfin il arrive à la doctrine de l'Harmonie Préétablie en approfondissant les lois du mouvement données par Descartes. Selon Leibniz, la quantité de force et de direction demeure constante dans le monde physique, contrairement à ce que pensait Descartes. Dès lors il n'y a plus de place pour une influence de l'âme sur le corps. Leibniz, après avoir critiqué les doctrines de Descartes, arrive à dire que l'union de l'âme avec le corps et, d'une manière générale, l'action d'une substance sur une autre ne consistent que dans une harmonie préétablie.

C'est donc à l'influence de Descartes, semble-t-il, que Leibniz doit les principes de sa philosophie.

Cette interprétation est plausible, mais est-elle toute la vérité ? Les doctrines dont nous venons de parler sont-elles le fond de la philosophie de Leibniz ?

On peut opposer aux arguments de tout à l'heure les objections suivantes :

A. Considérons d'abord les choses du dehors.

Sans doute la théorie des rapports de l'âme et du corps a été constituée après l'étude de Descartes ; mais il y a chez Leibniz une idée d'une tout autre généralité, l'idée de tout concilier et de chercher l'harmonie de toutes choses.

En religion, il veut concilier le Catholicisme et le Protestantisme ; en politique, le Czar et la Civilisation, l'Allemagne et Louis XIV ; en philosophie, la matière et l'esprit, la liberté et la nécessité, le mécanisme et la finalité, la dépendance de la vérité à l'égard de Dieu et le caractère absolu de cette même vérité. — C'est là une préoccupation constante chez Leibniz qui est opposée à l'esprit de Descartes.

Autre opposition : Leibniz s'est proposé de démontrer les vérités morales en prouvant qu'elles étaient impliquées dans les sciences mécaniques et mathématiques. C'est pour prouver des vérités morales et religieuses qu'il s'est mis à philosopher, et sa théorie de la substance dérive notamment de l'étude de la question de la transsubstantiation à laquelle il se livra, à l'instigation du baron de Boinebourg. — Cette préoccupation des questions morales et religieuses est tout à fait étrangère à Descartes qui constitue la science à un point de vue rigoureusement mécanique.

B. Considérons maintenant la Philosophie de Leibniz en elle-même.

Elle contient des éléments bien différents de la Philosophie Cartésienne. Descartes enchaîne les vérités en partant des natures simples connues par intuition et en prolongeant l'intuition au moyen de la déduction. Il va du simple au composé. Son point de départ est l'idée *claire* et *distincte*. C'est que, pour Descartes, une idée est séparée des idées qui l'avoisinent, et les idées sont extérieures les unes aux autres. Au contraire, Leibniz part du tout et chaque chose n'est considérée que dans son rapport avec le tout. Au lieu de chercher Dieu par une méthode régressive, il s'installe d'abord au sein de son essence et considère les choses de son point de vue : il va de Dieu aux choses, de l'infini au fini.

En outre, le critérium cartésien de la Certitude ne lui suffit pas. La *clarté* n'est point, pour Leibniz, la marque de la vérité. Pour qu'une idée soit vraie, il faut qu'elle soit *distincte,* c'est-à-dire qu'il y ait en elle du *distingué,* que l'esprit en aperçoive les détails. L'idée la plus distincte est celle qui embrasse distinctement l'ensemble des choses. On ne peut connaître les choses qu'en partant des rapports : Dieu est l'Harmonie Universelle. Les choses sont les fragments artificiellement séparés de cette Harmonie Universelle.

La marche de Descartes et celle de Leibniz sont donc l'inverse l'une de l'autre. — Pour Descartes, l'idée *mixte* (idée de force, par exemple) est intermédiaire entre l'idée d'étendue et l'idée de pensée. C'est le « monstre » fabriqué par l'imagination et que la philosophie analyse et résout en pensée et en étendue. — Chez Leibniz, au contraire, le fondement de la philosophie consiste dans l'idée de force, cette entité métaphysique, cet intermédiaire entre l'esprit et la matière qui n'avait pas de réalité pour Descartes.

Enfin Descartes condamne absolument la doctrine des *formes substantielles :* la Finalité est exclue de sa Physique. Leibniz, au contraire, introduit exprès dans son système les idées de force, de perception, d'appétition. Les Mathématiques et la Morale se pénètrent, ainsi que la Métaphysique et la Physique.

Ainsi Leibniz ne peut être rattaché à Descartes que sous de fortes réserves.

Mais, dira-t-on, il ne s'ensuit pas que Leibniz n'ait pas plus de parenté avec la France qu'avec l'Allemagne. La méthode de conciliation employée par Leibniz n'est pas inconnue en France. L'Eclectisme français consiste essentiellement dans l'emploi de cette méthode. — Il y a une grande différence entre l'Eclectisme et la Philosophie de Leibniz. L'Eclectique fait la part du vrai et du faux dans chaque système, et il réunit ensuite toutes les parcelles de vérité pour en faire la vérité totale. Or, telle n'a pas été la méthode de Leibniz. Un exemple suffira pour le montrer : Toutes nos idées, disait Leibniz, sont innées ; d'autre part, toutes nos idées sont dues à l'expérience. Comment concilier ces deux contradictions ? — En disant que certaines idées sont innées et certaines autres dues à l'expérience ? — Nullement, mais en admettant que ce sont là deux points de vue sur la vérité. Pour obtenir cette conciliation, Leibniz fait appel à un principe supérieur. Le point de vue supérieur sera, dans ce cas, la doctrine des Petites Perceptions, de la Virtualité.

Leibniz cherche donc un point de vue supérieur pour concilier les doctrines. L'Eclectisme français, au contraire, restreint les doctrines et les juxtapose. Tandis que celui-ci tient de Descartes, pour qui les idées sont extérieures les unes aux autres, celui-là admet que les idées s'enveloppent et forment des degrés dans l'être et dans la vérité.

— Mais, dira-t-on encore, il y a aussi en France des doctrines d'après lesquelles nous trouvons la substance en nous-mêmes et par la réflexion, la doctrine de Maine de Biran, par exemple. — A cette objection nous pouvons répondre que Maine de Biran trouve par la réflexion un Moi individuel, tandis que Leibniz va de l'Absolu au Moi. Pour Maine de Biran la notion du Moi se suffit : il va du Moi à l'Absolu.

La Philosophie de Leibniz n'appartient donc pas à la Philosophie Française. — A quel groupe appartient-elle ?

Nous avons montré l'an dernier les caractères essentiels de la Philosophie Allemande. — On peut les résumer de la façon suivante :

1° Spiritualisme. Cette doctrine ne consiste pas à faire de l'esprit une substance. Le Spiritualisme allemand admet que l'esprit seul existe véritablement, mais comme sujet, non comme objet. L'esprit, c'est l'Infini, c'est la Liberté. Ce n'est pas une substance, mais le principe vivant de la substance.

2° Réalisme. On en trouve la marque chez les plus fameux idéalistes allemands : chez Kant, Hegel, Schelling et déjà chez Jacob Bœhme. Le Réalisme allemand ne consiste pas à soutenir que la matière existe indépendamment de l'esprit, mais il suppose que la matière est irréductible aux idées et inintelligible pour l'entendement.

3° Moralisme. Il consiste dans l'idée d'une morale reposant sur le dualisme du bien et du mal, partant sur le Devoir. Les Allemands admettent, en général, l'idée d'un mal radical, lequel ne peut être surmonté que par un effort et la lutte contre la nature. Le Moralisme implique une part plus ou moins grande faite au pessimisme.

Concilier ces deux derniers points de vue avec le premier : telle est la tâche que s'impose la Philosophie Allemande.

Ces trois caractères se trouvent-ils dans Leibniz ?

1° En un sens, le Spiritualisme s'y trouve. Nul système pour Leibniz ne représente la vérité, et cependant tout système est une expression de la vérité. Rien n'est faux, à proprement parler, mais tout est vrai en un sens. La vérité, pour nous, ne saurait être quelque chose de fixe et d'achevé : elle se fait par un progrès indéfini. Le mouvement, la tendance, voilà l'être. Le repos n'est jamais qu'une étape sur la route qui mène à Dieu. C'est l'origine de la Philosophie dite du Progrès. « Varier, diront les Protestants, ce n'est pas errer, c'est avancer dans la voie de la vérité », et ils suivront en cela la direction de Leibniz.

S'ensuit-il que le Spiritualisme de cette Philosophie soit tout à fait analogue à celui des Eckhart, des Bœhme et des Hegel ? — Non, car, chez Leibniz, il y a, dans l'éternité, un terme à ce progrès ; Dieu est immédiatement réalisé. Tandis que, chez les principaux philosophes allemands, Dieu se fait; chez Leibniz, il est, il ne comporte pas de processus.

2° Leibniz est-il réaliste ? Il l'est plus que Descartes. Leibniz, en effet, repousse la doctrine cartésienne qui ramène les corps à l'étendue et l'étendue *sentie* à l'étendue *conçue*. Leibniz rejette cette doctrine comme idéaliste. Il y a, selon lui, une différence radicale entre le possible et le réel : « Dans l'ordre des concepts, dit-il, l'analyse a un terme ; dans l'ordre des réalités, elle n'en a pas. Les mathématiques ne rendent pas compte de la réalité des choses ». La matière a pour Leibniz un principe distinct des idées et le contingent ne s'explique pas par le nécessaire logique.

Est-il aussi réaliste qu'un Jacob Bœhme ou un Fichte ? — Non. — Pour ces philosophes, et pour la plupart des philosophes allemands, la matière est la condition de la pensée, et il faut que la matière soit donnée pour que le sujet puisse se poser comme intelligent. — Au contraire, chez Leibniz, nos sensations sont au fond des idées. Si nous ne le voyons pas, c'est que dans une sensation il y a une infinité d'idées. Mais l'analyse du contingent s'achève en Dieu qui, lui du moins, est idéaliste.

3° Le Moralisme est-il un caractère de la Philosophie de Leibniz ? — Le Moralisme implique, comme nous l'avons vu, un certain pessimisme. Or, Leibniz est optimiste. Donc, ou sa philosophie contient une contradiction, ou il n'y a pas de moralisme chez Leibniz. — Mais il est nécessaire de faire une différence entre l'optimisme de Leibniz et l'optimisme antique et classique. L'optimisme de Leibniz n'est pas absolu, comme celui des Stoïciens. Pour le sage stoïcien le mal n'existe pas, ce n'est qu'une illusion subjective. Le mal se ramène à l'opinion. Il en est de même pour Spinoza.

Telle n'est pas la doctrine de Leibniz. Le monde est le meilleur possible. — Est-il excellent ? — Nous n'en savons rien. Rien même ne prouve qu'il y a dans le monde plus de bien que de mal. « Les possibles, dit Leibniz, préexistent dans l'Entendement divin. Aucune partie ne peut en être modifiée. La Volonté divine choisit celui qui renferme la plus grande part de bien et la plus petite part de mal. » Le mal est donc réel ; son existence tient à l'hétérogénéité de l'Entendement et de la Volonté. Cette doctrine n'est pas un optimisme absolu, puisque ni la Volonté ne se ramène à l'Entendement, ni l'Entendement ne subit la loi de la Volonté.

La Philosophie de Leibniz est donc spiritualiste réaliste, et même elle admet jusqu'à un certain point le dualisme en matière morale, mais non dans le même sens que la philosophie allemande en général.

— Quelle est donc la place de la Philosophie de Leibniz ? La différence que nous venons de constater entre elle et la philosophie allemande en général tient à ce que le point de vue antique de la Perfection réalisée, substantielle, est admis par Leibniz, en même temps que le point de vue allemand qui est celui de l'esprit vivant et de la volonté.

Leibniz a voulu concevoir le premier principe des choses, comme l'union de ces deux principes ; il a admis qu'il y avait un passage insensible de l'un à l'autre. L'Entendement et la Volonté doivent être pleinement satisfaits ; Dieu architecte doit contenter Dieu législateur. C'est, en somme, l'idée d'une harmonie intime entre le principe de la Philosophie antique (Entendement) et le principe de la Philosophie allemande (Liberté ou Volonté). — Leibniz, c'est la pensée allemande encore enveloppée : la Volonté est encore dans les langes de l'Entendement. Que serait-il arrivé, si cette

Philosophie s'était développée en France ? Sans doute, elle aurait marché dans le sens de l'Intellectualisme, au lieu qu'elle a marché du côté du Dynamisme avec les successeurs allemands de Leibniz.

Leibniz veut donc concilier la Volonté avec l'Intelligence ou la métaphysique morale avec les mathématiques. Il est le trait d'union entre l'antiquité et la philosophie allemande moderne. C'est précisément cette idée de l'harmonie, de la continuité universelle, qui le rend obscur.

La Philosophie de Leibniz appartient, en un sens, au groupe allemand ; en un autre sens, elle domine toute l'Histoire de la Philosophie.

CHAPITRE II

Les prédécesseurs de Leibniz

BACON

Il est impossible de passer sans transition de Bœhme à Leibniz. Car les penseurs Français, Anglais et Hollandais, du commencement du XVIIe siècle, ont exercé une grande influence sur la Philosophie allemande. L'influence est surtout extérieure, mais chaque système est comme une sollicitation, grâce à laquelle se développe un mouvement interne dans l'esprit philosophique de l'Allemagne.

Ainsi, pour des raisons historiques et pour des raisons d'enseignement, nous devons étudier auparavant les systèmes de Bacon, Descartes, Hobbes, Spinoza, Malebranche et Locke. Nous essaierons de dégager l'esprit de ces différentes philosophies, de les étudier en elles-mêmes, c'est-à-dire sans nous inquiéter de l'usage que Leibniz en a fait. Leibniz envisageait les doctrines à son point de vue. « Nous ne voyons dans les choses, disait Kant, que ce que nous y mettons », et Leibniz a vu dans ses prédécesseurs surtout ce qu'il a voulu y voir. Aussi n'est-il pas inutile de mesurer la différence qu'il y a ıtre les systèmes de Bacon ou de Descartes, tels qu'ils onı été effectivement, et l'idée que Leibniz s'en est faite. Nous devons donc examiner ces philosophies en elles-mêmes, sans préoccupation aucune.

Philosophie de Bacon. — Si l'on demande à Bacon lui-même ce qu'il se propose de faire, il répond qu'il veut apprendre à l'homme à commander à la nature, à exploiter les forces de la nature à son profit. L'homme commandera à la nature, en s'appuyant sur la nature elle-même. « *Naturæ non imperatur, nisi parendo.* » Mais cette fin était la fin même de l'Alchimie et de la Magie dont l'axiome était : « *Natura non nisi a natura vincitur.* » Les Alchimistes voulaient, eux aussi, faire servir la nature à la satisfaction des besoins de l'homme.

Ce n'est donc pas dans la fin qu'il a en vue que Bacon innove, mais plutôt dans les moyens qu'il propose pour atteindre cette fin. Il proscrit d'abord l'empirisme des Alchimistes et les considère comme des « fous » qui prétendent asservir la nature par des moyens mécaniques, par des expériences purement physiques et matérielles. Bacon critique vivement l'emploi pur et simple de l'expérience.

La grande innovation de Bacon, son « Instauratio magna scientiarum » consiste dans la substitution de la métaphysique à l'empirisme comme moyen de commander à la nature. « C'est, dit-il, avec le Vulcain de l'intelligence qu'on fera la science », et autant il exalte Platon, autant il rabaisse l'Alchimie. Il veut réhabiliter la métaphysique, mais il y a deux sortes de métaphysique. — Il y a d'abord la métaphysique des causes finales, qui cherche à expliquer les choses par des concepts moraux. Elle n'est nullement méprisable, suivant Bacon, mais elle ne sert pas à la fin qu'il a en vue. Elle peut servir la religion, mais elle ne nous apprendra pas à « faire de l'or » ; si elle cherche à produire des choses matérielles, elle reste stérile, « *tanquam virgo Deo consecrata.* »

Il y a une autre métaphysique, qui est la recherche des *formes* et non plus des causes finales. — Bacon veut réhabiliter cette recherche des formes en la faisant à un point de vue pratique, et non plus théorique et contemplatif, comme l'ont fait les Anciens.

Qu'est-ce que la forme, et comment peut-on la découvrir ? On trouve sur cette question deux doctrines dans Bacon, l'une négative, l'autre positive.

La doctrine négative (*pars destruens*) est exposée dans ce que Bacon appelle la *Théorie des Idoles*. Avant de rechercher la forme, il faut débarrasser l'esprit de ses erreurs, des fantômes (εἴδωλα) qui s'interposent entre lui et les choses. — Les Idoles sont des formes factices, fabriquées par l'esprit. Ce qui les caractérise, c'est qu'elles ont été conçues suivant les lois de l'esprit et non suivant les lois des choses. Or, l'esprit est essentiellement une machine classificatrice ; il sépare les choses et conçoit des espèces définies et distinctes ; il fige et circonscrit tout ce qu'il touche ; il est la forme de l'absolu. Au contraire, dans la nature, tout est immense, tout est infini, tout se tient. Les productions de la nature sont grandes ; l'esprit les rapetisse en les pensant. Les idoles qu'il faut dissiper sont, par conséquent, ces concepts que l'esprit a fabriqués à sa mesure.

La doctrine positive (*pars ædificans*) essaie de rechercher quelle doit être la forme véritable, maintenant que les formes fabriquées par l'esprit ont été écartées. Dans cette seconde partie le style métaphorique de Bacon rend difficile l'intelligence de sa pensée. Toutefois, il est évident qu'il cherche une théorie de la forme, qui soit pratique et capable de diriger l'industrie humaine. Sa méthode consiste à s'élever de la physique à la métaphysique, et de la pratique à la théorie. — Voyons donc d'abord en quoi consiste l'objet que poursuit la physique. Les arts mécaniques, dit Bacon, correspondent à la physique ; or, la mécanique nous apprend à transmuter une substance particulière dans une autre également particulière, chose relativement facile. Par suite, étudier la physique, c'est étudier les conditions de cette transmutation, c'est-à-dire le schématisme (ou cause matérielle) et le processus latent (ou cause motrice) des phénomènes. L'objet de la métaphysique doit être analogue, mais plus élevé. — Ce qui manque à la physique pour répondre à ce que nous cherchons, c'est qu'elle ne nous apprend pas à sortir du particulier. La cause matérielle et la cause motrice ne sont que les *véhicules* de la forme, non la forme elle-même. La mécanique et la physique portent sur le contingent ; elles n'atteignent pas l'absolu et le nécessaire. Or nous cherchons l'absolu, en dépit de ce que Bacon a dit dans la théorie des idoles. Nous n'atteignons que le contingent dans la physique. Elle nous apprend à « faire de l'or » avec un métal déterminé, elle nous donne une règle particulière. Mais notre ambition est plus haute : nous voulons faire de l'or avec n'importe quelle substance ; nous voulons la règle universelle de la fabrication de l'or. Tel est le problème qu'on se pose en métaphysique, tandis que la physique se contente d'étudier le problème de la mécanique, les conditions de la fabrication de l'or au moyen de tel ou tel corps particulier.

En quoi consiste la forme que recherche la métaphysique ? Cette forme doit être caractérisée par l'universalité et la nécessité. Condition nécessaire et suffisante d'une nature donnée, elle doit nous permettre de réaliser cette nature avec des matériaux quelconques. Il s'ensuit que la forme doit être définie : ce qui est toujours présent, quand la nature en question est présente, et ce qui est toujours absent, quand cette nature est absente. La forme *inest omni subjecto et soli subjecto.* Bacon pense visiblement ici à la définition aristotélicienne, laquelle consiste dans le genre et la différence spécifique. Car la forme, selon Bacon, est la détermination d'une nature plus générale et plus connue; la différence spécifique ; mais cette différence est, chez Bacon, une cause productrice. En définitive, la forme baconienne n'est autre que la pierre philosophale des alchimistes transformée en concept. — Le grand œuvre (1) consistait dans la réduction d'un métal donné au genre, puis au métal en soi, au « mercure des philosophes ». On projetait sur le métal en soi le *Xerion,* la poudre de projection ou différence spécifique de tel ou tel

(1) Voir *Les Origines de l'Alchimie*, par M. Berthelot.

métal, et l'on obtenait ainsi le métal cherché. La pierre philosophale était la poudre de projection qui, ajoutée au métal indéterminé, produisait l'or. Le métal général, ce mercure des philosophes, devient, chez Bacon, la « natura generalis », et la différence spécifique est la poudre qu'on y ajoute pour en former la nature spéciale que l'on veut réaliser.

Voyons maintenant comment de ces principes résultent les préceptes de la méthode baconienne.

La méthode de Bacon a pour objet de nous faire connaître les formes. Elle comprend deux éléments : 1° Les tables de *présence*, de *déclinaison* et de *degré*. — Ces tables ne suffisent pas, car elles ne fournissent que les matériaux, à l'aide desquels l'esprit découvrira la forme ; 2° Méthode de *réjection*. Comment l'esprit peut-il arriver à découvrir la forme ? C'est la partie la plus originale de l'œuvre de Bacon. Les Anciens avaient eu l'idée de tables analogues à celles de Bacon, mais ils croyaient qu'on pouvait apercevoir la forme immédiatement. La Scolastique la voyait d'une manière directe, par une perception intellectuelle. Bacon repousse cette méthode, car l'esprit, selon lui, déforme tous les objets auxquels ils s'applique ; il faut que l'esprit s'abstienne, et que la nature fournisse elle-même la réponse.

Bacon emploiera donc une méthode indirecte. La *rejectio*, l'élimination, sera nécessaire pour découvrir la forme, et les tables serviront à éliminer tout ce qui ne fait pas partie intégrante de la forme. Supposons, par exemple, que nous étudions la forme de la chaleur. Un rayon de soleil produit de la chaleur, donc il faut exclure de la forme la nature *élémentaire*. D'autre part, un rayon de lune est lumineux sans chaleur ; donc la lumière ne fait pas partie de la forme de la chaleur. (*Nov. org.* II, 18.)

Dégager la forme, au lieu de la poser par une affirmation de l'esprit, voilà ce que veut faire Bacon. Sa méthode est analogue à celle des chimistes ; la réjection est son creuset.

L'esprit soumet au feu de la discussion les diverses opinions et en tire la forme, véritable résidu. Ainsi donc, il faut chercher l'absolu par l'expérience seule. La forme de Bacon est théoriquement la même que la forme d'Aristote ; et, pratiquement, elle doit avoir la fécondité qui manque à la connaissance de la cause finale.

La méthode baconienne de réjection, liée à la théorie des idoles, est très originale. Par elle, on arrivera, selon Bacon, à déterminer une forme qui doit être la condition nécessaire et suffisante de la production d'une nature donnée, sans que le rapport de cette forme avec la nature donnée soit compris par l'esprit.

Les Anciens croyaient qu'il y avait un rapport analytique entre les phénomènes et la substance, et ils pensaient que l'esprit peut de lui-même découvrir la substance dans les phénomènes. Mais pour Bacon ce rapport est le secret de la nature, et il n'y a pas pour nous de lien intelligible entre la cause et l'effet. Il y a, dit Bacon, un rapport synthétique entre la cause et l'effet. — Cette idée est un élément nouveau dans la philosophie : elle prépare le concept de loi de la nature, à savoir d'une relation affirmée entre deux *qualités*, sans que l'esprit aperçoive un rapport intelligible de l'une à l'autre. La théorie de Bacon, en effet, implique cette idée qu'il y a des rapports dans la nature, mais entre choses hétérogènes.

Toutefois, la conception des lois de la nature est très imparfaite dans Bacon. Il ne se demande pas s'il y a lieu de chercher la forme de telle qualité plutôt que de telle autre. Toutes les qualités sensibles sont à ses yeux des qualités simples : il ne se demande, par conséquent, pas s'il n'y aurait point des différences entre les qualités en ce qui concerne le degré de détermination. Stuart Mill corrige Bacon sur ce point. Il nous montre comment, à mesure qu'il s'agit de qualités moins complexes, on s'aperçoit qu'elles ont plus de chances de se reproduire et qu'il est plus possible d'en assigner les antécédents constants. Il restreint aux qualités relativement simples la propriété de s'ordonner entre elles suivant des lois.

Que faut-il penser de cette théorie ? Est-ce pour la science une base solide ?

Une loi doit être une relation synthétique constante entre deux qualités. — On peut objecter que le principe de la stabilité des lois de la nature pourrait bien n'être pas absolument vrai, et que peut-être il faut considérer la loi comme un concept provisoire, ainsi qu'on fait aujourd'hui pour les espèces. Pour qu'une loi fût universelle, il faudrait que les qualités qu'elle relie fussent absolument simples, ce qui paraît inconcevable.

En définitive, si l'on cherche l'absolu et le simple, il faut renoncer au point de vue de la qualité, d'où résulte la conception de la loi.

Mais peut-être y a-t-il, sous le monde des qualités, un monde qui comporte la détermination absolue ; ce monde serait celui de la quantité. Peut-être la causation est-elle au fond une addition. Ainsi connus, les rapports des choses peuvent être universels et nécessaires : mais ce ne sont plus des lois, ce sont des égalités mathématiques. Ce point de vue est paradoxal : il fait dépendre l'être de sa mesure. Déjà, dans l'antiquité, les Pythagoriciens en avaient eu l'idée : Descartes a philosophé pour l'établir, et, aujourd'hui encore, il semble que ce soit là le point de vue de la science idéale.

CHAPITRE III

Les prédécesseurs de Leibniz

DESCARTES

Il est très embarrassant de parler de Descartes, tant sa philosophie a été interprétée en des sens divers, chacun essayant de se réclamer de lui. Essayons de déterminer ce que lui-même s'est proposé de faire.

Descartes, dit-on, est le type même de la clarté. C'est, en effet, un génie épris, avant tout, de clarté, mais peut-être n'est-il pas toujours clair au sens ordinaire du mot. — D'abord, Descartes emploie un style mathématique où tout est strictement défini, où tout mot porte, et il faut une grande contention d'esprit pour le suivre. Sa clarté est celle du mathématicien, non celle du littérateur. En outre, sa pensée et sa langue sont claires, mais parfois il se sert de celle-ci pour déguiser celle-là. En voici un exemple : Descartes croit que la terre tourne autour du soleil ; cependant il intitule un de ses chapitres (*Principes de la Philosophie,* III, 19). « Que je nie le mouvement de la terre avec plus de soin que Copernic, et plus de vérité que Tycho ». — Autre exemple : Descartes dit, au début du *Discours de la Méthode* : « Le bon sens est la chose du monde la mieux partagée », et il donne à entendre qu'il ne fera autre chose que recueillir les enseignements du bon sens. Mais quand, dans le courant de son ouvrage, on le voit réduire l'homme et toutes choses à la pensée et à l'étendue, séparer résolument l'âme du corps, faire des animaux de simples automates, et prétendre que Dieu pourrait faire que $2 + 2 = 5$, peut-on croire qu'il professe une philosophie du « bon sens » ? — Ainsi, il y a parfois une grande différence entre ce que Descartes dit de sa philosophie et ce qu'elle est en réalité.

La philosophie de Descartes présente donc des difficultés : aussi a-t-elle donné lieu à des interprétations très diverses. — Descartes est considéré aujourd'hui comme un mécaniste ; mais, il y a vingt ans (1), on n'attachait pas d'importance à ce côté de sa doctrine. Au contraire, l'on exaltait le caractère psychologique de sa philosophie.

Pour bien entendre Descartes, il faut songer qu'il ne visait pas seulement à découvrir la vérité, mais à faire apprécier et à propager ses découvertes, et que, pour trouver accès auprès d'un public dont il froisse les idées reçues, tantôt il atténue la nouveauté de ses idées, tantôt il fait semblant de s'abriter derrière le sens commun.

Quel est le fond de la pensée de Descartes ?

I.

L'histoire de son esprit nous offre sur ce point de très utiles renseignements. — En 1619, Descartes a, pendant un voyage, une sorte d'illumination ; la Vierge lui parle en songe, et il fait une grande découverte dont la nature ne nous est pas parfaitement connue. Il s'agit sans doute de sa méthode et de l'application de l'algèbre à la géométrie.

De bonne heure, il attribue à sa méthode une extrême originalité, et pense qu'elle pourrait être appliquée à la philosophie, mais il se juge trop jeune pour aborder cette science suprême, et il consacre neuf années à s'adonner surtout aux mathématiques, comme à une gymnastique intellectuelle. — Vers 1628, il résume ses idées dans les *Regulæ*

(1) Notamment avant la thèse de M. Charpentier sur la méthode de Descartes, 1869.

ad directionem ingenii. — En 1629, il aborde enfin les questions métaphysiques et écrit les *Méditations*. Mais il ne consacre guère que neuf mois à la métaphysique, et encore n'y travaille-t-il que quelques heures par jour. Le reste du temps est consacré aux sciences mathématiques et physiques; des mathématiques elles-mêmes il s'en occupe moins qu'auparavant. — De 1629 à 1633, il prépare l'ouvrage de physique mathématique intitulé *le Monde ;* mais il le laisse inachevé à cause de la condamnation de Galilée. — La fin de sa vie est consacrée à ses études de physique, de physiologie, de médecine, d'anatomie, de mécanique et de morale. Il ne fait qu'aborder cette dernière science.

Ce qui nous frappe dans le développement des idées de Descartes, c'est que celui qu'on appelle « le père de la philosophie » n'aurait consacré que neuf mois environ à l'étude de la philosophie. De quel droit alors le revendiquer comme philosophe? N'est-il pas en réalité et avant tout un savant? — Mais, Pascal l'a dit, l'importance des choses ne se mesure pas à leur grandeur matérielle ou à leur volume. Descartes avait une manière de penser et de travailler qui lui était propre ; il suivait une *marche linéaire*, et n'étudiait qu'une chose à la fois. Il considère les questions séparément et les aborde suivant un ordre déterminé ; l'évolution de sa pensée se fait d'une manière successive ; il ajourne la métaphysique tant que son heure n'est pas venue, et quand il arrive à ce sommet, analogue à un point mathématique, il n'y reste pas longtemps. Toutefois l'objet de la métaphysique est le point d'où tout dépend. Après y être arrivé, il ne tarde pas à en redescendre. Il y a, ainsi, dans sa philosophie une marche *ascendante* et une marche *descendante*. Si Descartes a consacré si peu de temps à la métaphysique, c'est que cette science des premiers principes ne comprend qu'un petit nombre de problèmes utiles ou accessibles et veut être traitée avec plus de profondeur que d'étendue.

La métaphysique, on le voit, n'est pas, chez Descartes,

une œuvre isolée, et nous aurions tort de la séparer du reste de sa philosophie. Descartes cherche le lien qui la rattache aux mathématiques, d'une part, à la physique et aux sciences naturelles, d'autre part.

II.

Le *Discours de la Méthode* nous montre que la certitude est l'objet que poursuivait Descartes ; le bien pratique, objet de l'activité humaine, sera, suivant lui, le résultat nécessaire d'une science certaine. La science, caractérisée par la certitude, voilà l'objet essentiel de sa philosophie. Les mathématiques lui avaient offert cette certitude ; mais comment se fait-il que les mathématiques qui désignaient autrefois la science en général ne désignent plus aujourd'hui qu'une science particulière ? Est-ce qu'il n'y a pas dans les mathématiques quelque chose d'universel ? N'y aurait-il pas une méthode mathématique applicable à tout ce qui comporte l'ordre et la mesure ? Descartes distingue dans les mathématiques ordinaires la *forme* et la *matière*, la manière de raisonner et l'objet sur lequel on raisonne; et il conclut qu'au dessus de la mathématique arithmétique et géométrique, il peut y avoir une mathématique universelle, qui s'appliquerait à tout. Cette mathématique universelle aura la certitude des mathématiques sans en avoir la particularité. — En quoi peut-elle consister ? Elle devra consister en intuitions et déductions. L'intuition est la perception immédiate, faite par l'esprit, d'une vérité qui se suffit à elle-même. La déduction est la liaison qui apparaît à l'esprit comme nécessaire entre deux objets différents : c'est un prolongement de l'intuition. L'intuition saisit une seule vérité; la déduction saisit le lien de deux vérités. Si, dans tout ordre de connaissances, on employait exclusivement ces deux procédés, la science universelle existerait. Mais il n'en est pas ainsi. Les sciences physiques ne reposent pas sur l'intuition;

rien n'est simple dans les phénomènes qu'elles étudient, rien n'est connu par soi avec évidence. Quant à la déduction, elle est, par là même, dans ce domaine, un procédé dangereux. On n'opère que sur des liaisons données comme des faits dans la nature et, comme telles, contingentes. Les mathématiques elles-mêmes ne réalisent pas les conditions de la science parfaite : elles ne peuvent pas, en effet, être conçues par l'esprit humain d'une manière instantanée. L'esprit, dans une longue chaîne de raisonnements, oublie les démonstrations premières, pendant qu'il en forme de nouvelles, et s'appuie sur les résultats acquis comme sur des faits sans en voir clairement la génération : il arrive, par conséquent, un moment où l'intuition et la déduction font une place à la mémoire. Or, outre que la mémoire est faillible, savoir par mémoire n'est pas savoir.

Ainsi les Sciences de la nature et les Sciences mathématiques ne remplissent pas les conditions requises pour la certitude absolue. Y a-t-il là une impossibilité radicale, ou est-il possible de trouver pour ces sciences un fondement solide ? La possibilité de la science serait démontrée, si, d'abord, la vérité des mathématiques était garantie, et si, en second lieu, la physique était ramenée aux mathématiques. Mais pour établir de tels principes, il faut franchir les bornes de la science et aborder la métaphysique. C'est par cette voie qu'y entre Descartes.

III.

Le point de départ est le doute, ce doute, qu'on appelle à tort doute *méthodique* ou *provisoire,* car c'est un doute scientifiquement réel.

Le doute de Descartes porte sur deux sortes d'objets : 1° la réalité des choses sensibles ; 2° la vérité des démonstrations mathématiques.

1° Qu'est-ce que la réalité des choses sensibles et comment Descartes en doute-t-il ? Ce doute consiste à ne point savoir si les sens et l'imagination ne nous trompent pas. Il n'y a pas de différence absolue entre le rêve et la veille. — Que veut-il dire au juste ? Descartes considère les choses sensibles comme des mélanges d'essences simples, mathématiques. Quand il cherche si les choses sensibles ont une réalité, il se demande si, en tant que choses sensibles, indépendamment des sciences mathématiques, elles ont une réalité subsistant en dehors de l'esprit. Il doute que le composé soit, comme tel, une réalité, une substance. Son doute est si sérieux que, dans le fond, il ne sera point levé ; car la constitution d'une science physique serait, comme nous le verrons dans la suite, tout à fait impossible, si le sensible était irréductible à l'intelligible. Le vrai sens du doute de Descartes est le suivant : Ne serait-il pas légitime d'admettre que les choses sensibles sont des composés d'essences mathématiques ?

2° Le deuxième doute concerne les vérités mathématiques. Descartes se demande si une vérité telle que 2 + 2 = 4 a bien une certitude absolue (Voy. la *Première Méditation*). Il n'y a pas là un jeu d'esprit. Le doute de Descartes est très sérieux, et il ne sera levé qu'incomplètement. — Voici au juste sur quoi il porte : pendant que j'ai l'intuition des rapports mathématiques, je ne puis pas douter de leur vérité ; mais, à un certain moment, je n'aperçois plus ce rapport, et alors l'intuition défaillante fait place à la mémoire ; c'est le simple souvenir d'intuitions antérieures qui devient le point de départ d'intuitions nouvelles. La volonté, principe de tout jugement, peut alors suspendre son affirmation. Dès que je n'ai plus l'évidence, si j'affirme, mon affirmation est dépourvue de certitude. Si les mathématiques n'ont pas une réalité en elles-mêmes, si elles ne sont qu'une construction de mon esprit, comme mon esprit est imparfait et changeant, rien ne me garantit qu'en refaisant les démonstrations antérieures j'arriverai au même résultat. Ce doute n'est point hyperbolique. Il ne peut tomber que si les mathématiques ont une réalité en dehors de mon esprit. Le doute relatif à la vérité des mathématiques signifie donc ceci. Les mathématiques sont-elles l'œuvre de l'esprit fini ou ont-elles leur fondement en dehors de l'homme, et quel est ce fondement ?

C'est ainsi que Descartes arrive à la métaphysique. Il n'y entre donc pas de plain-pied. Il conçoit d'abord l'idée d'une physique mathématique comme forme nécessaire d'une science de la nature ; puis il se demande si cette conception est légitime et si la réduction des qualités sensibles à des rapports mathématiques ne laisserait pas échapper la réalité. Enfin, pour résoudre ce problème, il aborde la métaphysique.

Il passe du doute au critérium de l'*évidence* et ensuite à l'existence de Dieu. C'est de la démonstration de l'existence de Dieu que nous viendra la caution dont nous avons besoin. Descartes démontre mathématiquement l'existence de Dieu. L'homme a, d'après lui, relativement à Dieu, une intuition unique en son genre. En ce qui concerne les êtres finis, l'essence n'est jamais liée à l'existence d'une manière absolument immédiate ; en d'autres termes, jamais l'essence n'enveloppe l'existence. Au contraire, l'idée du parfait est l'objet d'une intuition, où l'existence et l'essence ne font qu'un.

Descartes se sert ensuite de cette notion de Dieu pour démontrer les deux postulats des mathématiques et de la physique considérée comme science : 1° Celui de la fixité, de l'éternité des vérités mathématiques ; 2° Celui de l'intelligibilité des espèces sensibles.

1° Les vérités mathématiques, n'étant pas Dieu même, sont créées par Dieu. Or la volonté de Dieu, qui ne fait qu'un avec son entendement, ne peut changer. Donc les vérités mathématiques sont des vérités éternelles. L'identité nécessaire de Dieu nous répond de l'identité des choses.

Quelle est la signification de cette doctrine ?

En tant que la fixité des essences mathématiques est garantie par l'immutabilité divine, le doute est levé. Mais il subsiste, en tant que cet acte de volonté de Dieu est un simple fait, non quelque chose d'existant en soi et par soi. — Dieu, du moins, sinon l'homme, peut faire que 2 + 2 = 5, car les rapports des choses créées entre elles n'ont rien d'absolument nécessaire.

2° Il y a, dans les objets sensibles, une part d'imagination et de sensation en même temps que de pensée. L'imagination et la sensation diffèrent de l'entendement. C'est ainsi que j'*entends* un polygone de 1000 côtés, mais je ne puis l'*imaginer* ni le *sentir*. La sensation et l'imagination m'imposent des idées particulières ; l'entendement a pour objet propre des idées universelles.

Il faut que cette limitation des données de l'entendement ait une cause. Quelle est-elle ? Remarquons que cette cause devra avoir autant de réalité que la nature sensible en représente. Or, je trouve en moi l'idée de l'étendue. L'idée de l'étendue est, à la vérité, l'objet d'une simple inspection de l'esprit, et c'est par l'entendement que je la conçois : elle a un caractère universel. Mais elle représente quelque chose d'extérieur : l'étendue est irréductible à la pensée. L'étendue ne serait-elle pas la cause que je cherche ? Par l'entendement je n'en puis rien savoir. Mais j'ai une inclination naturelle à croire que les choses étendues sont les causes de mes idées sensibles. Dieu m'impose cette tendance ; or, Dieu n'est pas trompeur, donc les choses sensibles sont des substances, des substances étendues.

Que prouve ce raisonnement ? Non pas l'existence des choses sensibles comme telles, mais l'existence des choses sensibles à titre de simples diminutions de notre entendement. Descartes rapporte les choses sensibles à l'étendue conçue, en tant que cette étendue elle-même, considérée comme objet, a une réaction sur notre entendement. Il explique, par conséquent, les modes de l'entendement par la réaction de l'objet de l'entendement (l'étendue) sur l'entendement lui-même. Les choses sensibles se ramènent ainsi, au point de vue philosophique des idées claires, à l'étendue et à ses déterminations mathématiques.

Ainsi le doute relatif aux choses sensibles est en définitive confirmé. Ce qui existe, c'est l'étendue, et l'étendue est une essence mathématique. Elle est *substance*, c'est-à-dire que l'idée de l'étendue est le fond permanent et intelligible des choses sensibles. L'existence n'ajoute rien à l'idée d'étendue. L'existence n'est pas quelque chose qui soit en dehors de l'entendement, c'est la propriété qu'a une idée de fournir à l'entendement un point de départ pour ses raisonnements.

Quelles sont les conséquences de ces démonstrations ? 1° Les mathématiques auront une valeur universelle. Elles ne seront pas une création arbitraire et variable de notre intelligence ; 2° La physique mathématique est légitime. Il est permis de faire abstraction des qualités sensibles des corps et d'étudier ces corps *par le dedans*. Il n'y a rien en eux que l'idée d'étendue que je tire de moi.

Ainsi la science de la nature est possible, en tant qu'il est permis de considérer la quantité comme la substance des choses. Ce paradoxe des Pythagoriciens devient, pour Descartes, une vérité démontrée.

IV.

Quelle est la place de la philosophie de Descartes dans l'histoire de l'esprit humain ?

Il y a de grandes différences entre la philosophie des Anciens et celle de Descartes. — Les rapports qualitatifs de convenance et de disconvenance avaient été admis comme fondamentaux par les Platon et les Aristote. Aux yeux de Descartes, le rapport d'attribut à sujet n'est qu'apparent et extérieur. La science doit en chercher la raison dans des rapports mathématiques. L'addition de l'homogène devient le rapport universel. Tout ce qui est dans la nature, tout ce qui est objet d'intelligence n'est qu'étendue et mode de l'étendue.

Si Descartes diffère d'Aristote, il diffère aussi de Bacon. — Bacon était sur la voie de la notion de ce qu'on appelle proprement *loi naturelle*. Les rapports constants des phénomènes sont, d'après lui, des rapports qualitatifs. Or, il n'y a pas de lien d'identité, par conséquent, de nécessité entre des qualités hétérogènes. Descartes, en faisant reposer la qualité sur la quantité, fonde le déterminisme inflexible, que ne comportait pas le Baconisme. Il est vrai qu'en revanche, ne pouvant considérer la quantité comme existant par soi, mais voyant en elle une créature de Dieu, il suspend ce déterminisme à la volonté toute-puissante de Dieu et le tient ainsi pour radicalement contingent.

La marche de Descartes, cherchant les fondements de la science, offre une certaine analogie avec celle de la philosophie critique. Descartes et Kant vont du conditionné à la condition. Mais, tout en suivant une marche analogue, Kant conclut tout autrement. Les principes déduits n'ont, aux yeux de Kant, qu'une valeur relative à la connaissance même qu'ils cherchent à fonder. En s'élevant de l'expérience au fondement de l'expérience, l'esprit va du même au même et ne dépasse pas le *phénomène*. Descartes, au contraire, pense qu'en s'élevant du moi à Dieu, il s'élève du relatif à l'absolu. C'est ainsi que, grâce à la notion de Dieu, Descartes fonde une philosophie absolue, dont le contenu n'est plus critique. Descartes, en attribuant à la démonstration de l'existence de Dieu une valeur théorique absolue, reste dogmatique.

CHAPITRE IV

Les prédécesseurs de Leibniz :

HOBBES et SPINOZA

LA PHILOSOPHIE DE HOBBES

La philosophie de Hobbes a pour objet d'appliquer aux questions morales, et, principalement, aux questions politiques les méthodes scientifiques de Bacon et de Descartes ; car il est évident que Hobbes a subi l'influence de ces deux philosophes. — Considérons sa logique et sa politique : ce sont les deux parties les plus importantes de son système, et la seconde n'est que l'application de la première.

1° Logique de Hobbes. Remarquons d'abord que Hobbes définit la logique un calcul : le titre de la première partie du *de Corpore* est, en effet, *Computatio sive Logica.* Hobbes considère les termes comme représentant des sommes. Le terme *homme* représente *corps* + *vivant* + *raisonnable.* Le signe = est à sa place entre un terme et son explication. Un sujet est une *somme* d'attributs, et le mot *somme* est pris par Hobbes à la lettre. Par suite, si l'on va de la proposition au syllogisme, on fait une *addition* (par exemple, aux caractères déjà connus de l'homme le syllogisme ajoutera la *mortalité)* ; et, si l'on rétrograde du syllogisme à la proposition, une *soustraction.* La première méthode est synthèse; la seconde analyse.

L'antiquité était arrivée avec Aristote à une théorie du syllogisme qui était, dans le fond, l'adaptation de la méthode mathématique à l'étude de la qualité. La définition qu'en donne Aristote (*1 Anal.* I, 1.24 b, 18), laisse elle-même reconnaître cette origine. Le point de départ n'est autre que la formule mathématique : si A = B et si B = C, A = C. Mais la modification imposée à la méthode mathématique n'en est pas moins telle qu'on (1) a pu soutenir que le syllogisme différait totalement de la démonstration mathématique. Il faut dire, selon nous, qu'il est la démonstration mathématique même, appliquée aux réalités qualitatives, *mutatis mutandis*.

La méthode syllogistique d'Aristote fut reléguée au second plan par Descartes qui mit au premier l'intuition et la déduction. La méthode cartésienne est donc l'inverse de celle d'Aristote. Descartes adapte l'objet à la méthode, tandis qu'Aristote avait adapté la méthode à l'objet. Descartes s'est demandé si la qualité, qui est cause de l'hétérogénéité des choses, ne reposerait pas sur quelque chose de simple et d'homogène comportant des rapports quantitatifs. Ainsi, chez Descartes comme chez Aristote, il y a eu élaboration de l'un des deux termes en vue d'une adaptation à l'autre.

Hobbes, lui, procède par éclectisme : il prend la *qualité* d'Aristote et la *méthode mathématique* de Descartes, et rapproche purement et simplement celle-ci de celle-là.

Cette logique se jugera par ses résultats.

2° Politique de Hobbes. L'état de nature consiste en deux éléments : 1) l'instinct de conservation inhérent à tous les êtres, et qui les porte à s'approprier tout ce qui est utile à leur subsistance ; 2) dans la nature tous les hommes sont égaux, sinon par la force, du moins par la ruse qui y supplée ; l'égalité de tous les hommes est ainsi le second élément de l'état de nature.

De ces deux données, Hobbes conclut que la guerre universelle doit résulter (*bellum omnium contra omnes*), puisque

(1) J. Lachelier, *De natura syllogismi*, où il reprend pour son compte une doctrine de Kant.

tous les hommes prétendent à tout, et que tous sont égaux. Mais cet état de guerre est en contradiction avec l'instinct de conservation ; il met toutes les existences en péril ; or, comme l'instinct de conservation est le fond de la nature, c'est ce dernier qui doit l'emporter, et il faut que la guerre prenne fin. Les hommes s'engagent donc à obéir à un souverain absolu, qui est l'Etat, dont la mission est de garantir la paix et de civiliser les hommes. — Ainsi se réconcilie la nature avec elle-même.

On le voit, Hobbes est parti d'une définition et a raisonné déductivement. Ce système est une application des mathématiques à des notions de qualités.

Que vaut ce système ? Il repose sur un principe artificiel. Hobbes part de l'instinct de conservation, comme d'un élément simple. Mais cet instinct est très complexe. Est-ce de la conservation de l'individu qu'il s'agit, ou de celle de l'espèce ? L'individu lui-même n'est-il pas comme une société ? Laquelle de ses existences l'individu veut-il sauvegarder ? Est-ce sa vie intellectuelle, sa vie morale ou sa vie physique ? Enfin la nature est-elle vraiment quelque chose de primitif et ne serait-elle pas un résultat, une habitude, comme le croit Pascal ? Dans ce cas, il faudrait remonter à l'origine de la nature pour trouver le principe que cherche Hobbes. Cette origine est-elle définissable ? — Le principe étant posé plus ou moins arbitrairement, toute la déduction est compromise. C'est que la qualité, comme telle, ne se prête pas à l'emploi de la méthode mathématique proprement dite, laquelle part de définitions exactes et suppose un objet homogène.

LA PHILOSOPHIE DE SPINOZA

La philosophie de Spinoza est une œuvre considérable, d'une complexité étonnante dans sa simplicité. Tout est contenu dans le mot *substance*, mais le développement est infini. Cette philosophie a exercé une très grande influence sur les philosophes allemands, surtout à partir de Fichte. Elle est multiple et diverse. Aujourd'hui encore chacun l'interprète à sa manière. Essayons d'évoquer l'esprit qui met en mouvement cette masse immense, d'en retrouver les idées directrices.

I.

Quel est l'objet principal des spéculations de Spinoza ? Descartes, nous l'avons vu, cherche la certitude. C'est essentiellement un philosophe spéculatif. « J'ai tenu pour vrai, dit-il, mainte opinion qu'aujourd'hui je vois être fausse. » Spinoza, lui, cherche la béatitude, et il dit au début de l'*Ethique* : « J'ai tenu pour bonne jusqu'ici mainte chose qu'aujourd'hui je vois être vaine et futile. » L'objet de Spinoza est moral et même religieux. Si l'on ne se laisse pas tromper par la forme géométrique des théories qu'il expose, on reconnaît qu'il se propose de posséder le bonheur éternel, absolu, infini.

Qu'est-ce qui, selon Descartes, faisait obstacle à la certitude ? L'obstacle était dans la nature de nos facultés ; nous sommes soumis au temps, au changement, et nous pensons successivement. La mémoire joue ainsi un rôle dans nos déductions, et la mémoire est faillible. De plus, notre imagination et surtout nos sens nous fournissent des idées confuses et obscures. Le libre arbitre, dès lors, conserve toujours la possibilité de mettre en doute les idées de l'entendement et des sens. Il faut, pour mettre l'homme dans l'état de certitude, lier le libre arbitre par la connaissance du rapport qui unit à Dieu notre entendement.

La doctrine de Spinoza est analogue. Il y a un obstacle qu'il s'agit de renverser pour obtenir la béatitude : c'est le libre arbitre. « Quand j'aurai prouvé l'existence de Dieu, dit Descartes, alors, mais seulement alors, mon libre arbitre sera lié. » Spinoza est plus difficile encore à satisfaire. Le libre arbitre est une puissance infinie ; et, s'il existe, rien ne le saurait lier. Si l'homme possède le libre arbitre, il pourra toujours en faire un mauvais usage. L'éternité, qui est le caractère de la béatitude, ne sera jamais assurée. Le libre arbitre est donc l'ennemi qu'il faut combattre, car la croyance au libre arbitre est la cause de toutes nos misères. Pourquoi nous indignons-nous contre les choses ? Parce que nous leur prêtons des volontés libres, pareilles à la nôtre. Pourquoi nous irritons-nous contre nous-mêmes, pourquoi avons-nous des regrets et des remords ? Parce que nous croyons que nous aurions pu agir autrement. Pourquoi aspirons-nous à un idéal que nous souffrons de ne pas atteindre ? Parce que nous nous croyons libres et que nous pensons pouvoir dépasser notre nature. Le libre arbitre est un fantôme qu'il faut exorciser ; c'est le dieu du mal. Telle est l'idée maîtresse de Spinoza. Si nous savions de science certaine que la nécessité est la substance des choses, que l'erreur et le mal tiennent au point de vue d'où nous les regardons, que tout est vrai, que tout est ce qu'il doit être, quand on le voit dans sa source, nous vivrions en paix au sein de l'universel. Ainsi, montrer que le libre arbitre est inutile et funeste, et qu'il n'est qu'une illusion qui s'explique et dont la réflexion nous débarrasse, voilà l'objet que se propose Spinoza. Comment le réalise-t-il ?

II.

Considérons d'abord la doctrine relative à Dieu.

Dieu est la substance infiniment infinie. Il ne faut pas se contenter de dire, comme Descartes, que Dieu est infini ou parfait. Si Dieu était simplement parfait, il pourrait ne pas exister ; il n'envelopperait pas nécessairement l'existence. Dieu ne peut envelopper immédiatement l'existence que si son concept enveloppe tout le possible. Il faut donc que Dieu soit infiniment infini, qu'il enveloppe toute la réalité concevable, qu'il soit l'être rempli de tous les attributs, en dehors duquel il n'y a rien, non seulement d'existant, mais de possible. — C'est à cette seule condition qu'il sera vrai de dire que le concept de Dieu pose son existence.

S'il en est ainsi, Dieu ne peut pas posséder le libre arbitre ; car le libre arbitre n'a pas de place là où il n'y a pas de choix possible. Cet attribut ne pourrait lui servir qu'à détruire une partie de sa réalité ; mais Dieu ne peut se diminuer. — Dans les rapports de Dieu avec les créatures, il n'y a pas non plus de libre arbitre divin. Poser en Dieu l'entendement avant la substance ou puissance est une erreur, et nous tombons dans l'anthropomorphisme quand nous prêtons à Dieu des intentions. En nous-mêmes, sans doute, nous connaissons l'entendement avant la substance ; mais, en Dieu, la puissance et l'action précèdent l'entendement. En Dieu, tout est actualisé, *tout ce qui est possible est*, et il est cause immanente et non cause transitive du monde. Le monde est éternellement créé par Dieu ; il sort de Dieu, non par émanation ou développement, mais, d'une manière plus directe, mathématiquement ; il sort de Dieu comme d'une définition géométrique sortent les démonstrations.

Tel est le concept de Dieu. C'est l'être infini, conçu comme donné, posé, actuel ; c'est le concept aristotélicien de l'actualité appliqué à l'être infiniment infini. De cette définition suit la négation du libre arbitre en Dieu.

III.

Considérons maintenant la nature humaine. Nous allons, semble-t-il, trouver ici le libre arbitre. L'homme est un monde dans le monde, il se suffit et impose sa volonté aux choses : les choses sont ses instruments. L'homme est le roi de la nature ; il est indépendant. — Illusion ! dit Spinoza : l'homme fait partie intégrante de la nature ; et Spinoza se propose, en traitant de la nature humaine *more geometrico*, de réintégrer l'homme dans l'empire de la nécessité.

Dieu est une substance infiniment infinie ; il possède une infinité d'attributs ; mais nous n'en connaissons que deux, l'étendue et la pensée. Ce serait une erreur que de faire dépendre l'une de l'autre. L'étendue et la pensée dérivent immédiatement l'une comme l'autre du même principe qui est Dieu. Si chacune de ces formes de l'existence exprime le même être, il y a correspondance entre l'une et l'autre : c'est le même texte traduit en deux langues différentes. — Mais nous savons que les modes de l'étendue se déterminent les uns les autres suivant des lois mathématiques : il en sera de même pour les modes de la pensée qui doivent leur correspondre. Il n'y a, dans le monde de l'étendue, aucune place pour la contingence. Si le monde de la pensée est le pendant du monde de l'étendue, l'ordre et la connexion des idées seront les mêmes que l'ordre et la connexion des choses. Tout est un et continu dans le monde de l'étendue ; de même il n'y a rien de séparé dans le monde de la pensée. L'âme est l'idée d'un corps et l'idée de cette idée. Elle correspond à une certaine portion de l'étendue et elle ne peut avoir d'autre contenu que cette correspondance même. Il n'y a donc pas de personne véritable : tout est lié, tout est un dans le monde des esprits comme dans celui des corps. — Il n'y a donc pas d'action libre des hommes sur la nature ni de l'homme sur l'homme. Le libre arbitre est impossible, et l'homme ne fait qu'un avec la nature. C'est ignorer les principes des choses que de croire le contraire.

Mais le libre arbitre n'est-il pas au fond de notre conscience ? La conscience ne nous donne-t-elle pas l'idée de notre liberté ? N'y a-t-il pas en nous les passions qui veulent nous dominer et que nous repoussons ? La lutte intérieure que nous soutenons contre les passions n'est-elle pas une preuve suffisante qu'en nous du moins le libre arbitre est une réalité ? Le libre arbitre serait alors une puissance tout intérieure, la volonté luttant contre les passions. Telle est la croyance du sens commun et encore celle de Descartes. Elle repose sur cette idée que lés passions sont quelque chose d'étranger à la nature humaine, dont il est en notre pouvoir de nous affranchir. Illusion ! dit encore Spinoza. Si l'homme et la nature extérieure sont les parties d'un même tout, il en est de même des passions et de la volonté. Les passions sont inhérentes à la nature humaine ; et Spinoza se propose de réintégrer les passions dans l'homme, en montrant qu'elles sont une conséquence nécessaire de son essence.

Essayons de déterminer les principes de la théorie de Spinoza sur les passions. — L'homme est non seulement une partie du monde, mais il n'en est qu'une partie infiniment petite. La force matérielle de l'individu n'est rien, si on la compare à la force de l'univers. (Cf. Pascal : l'homme est un roseau, etc.). Voilà l'état de l'homme considéré dans son corps. — A cet état du corps correspond dans l'âme une idée analogue, l'idée d'une existence infiniment partielle et dépendante. Or, l'être, d'une manière générale, tend à persévérer dans l'être, à poser sa manière d'être comme éternelle. Cette tendance s'applique à l'être sous toutes ses formes. L'homme, d'abord jouet de la nature, veut donc persévérer dans cet état. Il débute donc par la passion à son maximum d'intensité. La passion est la passivité posée par l'esprit comme l'état normal et éternel de l'homme. Ainsi la passion n'est pas une chose étrangère à l'homme ; elle est notre nature même, le point de départ de notre existence comme modes de la pensée. Elle consiste dans le jugement par lequel l'âme pose l'état où elle se trouve tout d'abord et tend à y persévérer. C'est ce que Spinoza appelle l'esclavage de l'homme. A côté de l'entendement il n'y a pas, comme faculté distincte, une volonté; l'erreur de Descartes a été de croire à une telle dualité de l'âme humaine.

L'homme restera-t-il dans cette passivité absolue, dans cet anéantissement devant l'infini ? Ici le système se retourne et prend une direction inattendue. Du sein de ce néant, de cette passivité absolue, va sortir l'indépendance et la liberté, telle que l'entend Spinoza. Par le seul jeu des forces naturelles va se créer une raison et une liberté.

Le premier moment du système est Dieu, le second la nature, le troisième sera la liberté ; car la liberté est, selon Spinoza, le terme et non le commencement des choses.

IV.

L'homme est passion et n'est que passion : c'est là toute sa nature. Mais il peut y avoir deux espèces de passions : a) les passions qui consistent à se maintenir dans l'état de passivité ; b) les passions qui consistent à se maintenir dans l'état d'activité, car si l'état d'activité se produit, il tend à se maintenir aussi bien que la passivité. Or, les passions originelles sont égoïstes, contradictoires entre elles; elles se contrarient mutuellement, en tant qu'elles ont pour objet les choses particulières. Mais du sein de cette lutte entre les passions naturelles en nous surgissent d'autres passions plus fortes, parce qu'elles sont plus cohérentes. C'est ainsi qu'au-dessus de la force désordonnée il y a la force organisée. L'unité, qu'acquiert ainsi la passion, devient un trait d'union entre elle et la raison, qui n'est autre chose que la connaissance sous la forme de l'unité. Là où tout un ensemble de passions est rapporté à une unité, à un principe dominateur, la passion dépouille sa nature propre pour revêtir la forme de la raison. C'est ainsi que, chez Spinoza, du conflit même des passions résulte finalement le triomphe de la raison, en tant que l'unité parfaite est plus forte que l'unité imparfaite.

Cet empire de la raison sur les choses n'est autre que la connaissance du deuxième genre, laquelle consiste à ramener les choses particulières à une essence commune, comme on fait en mathématiques. Ainsi connues, les choses perdent leur individualité, leur force et leur puissance : la nécessité comprise est la nécessité vaincue.

Elevons-nous plus haut, jusqu'au terme même de la science, où conduit l'unification des idées. A la connaissance du deuxième genre succède la connaissance suprême, la connaissance des choses, non plus seulement dans leur essence spéciale, mais dans la source commune de tout ce qui est, à savoir en Dieu. Cette connaissance étant l'unification absolue, est la puissance suprême. Dieu est la plus grande force qu'il soit possible de concevoir. Dès que nous voyons les choses du point de vue de Dieu (*sub specie æternitatis*), nous en voyons par intuition l'absolue nécessité ; et, par là même, nous possédons cette béatitude que cherche Spinoza. La béatitude, à son tour, produit la liberté. La béatitude n'est pas le prix d'un effort vertueux et de la liberté : elle en est la source. La béatitude, c'est l'être même en tant que connu ; et l'être est le premier principe.

V.

Que faut-il penser de cette philosophie ? On dit qu'elle est un naturalisme. Il n'y a là, dit-on, ni idéal, ni finalité, mais seulement des forces mécaniques, une poussée de l'être sans but, un dévelopement fatal et en tous sens de la puissance infinie. D'autre part, il en est qui voient dans Spinoza un idéaliste. M. Renan, entre autres, le représente (*Discours au Centenaire de Spinoza, 1877*), comme un philosophe mystique épris d'idéal, regardant avec dédain les choses de la vie et de la nature, et se réfugiant en Dieu.

Notre exposition ne s'oppose pas à cette dernière interprétation. « La vie du sage, dit Spinoza, est une méditation de la vie ». Cette maxime ne fait pas de Spinoza un adversaire de Platon, car la vie à laquelle tend le sage n'est pas la vie de ce monde, mais la vie véritable, la vie en Dieu : c'est l'éternité, que Spinoza pense pouvoir trouver au fond de la nature elle-même.

La philosophie de Spinoza est-elle donc à la fois un naturalisme et un idéalisme ? Est-ce un assemblage de doctrines contradictoires ? C'est, en effet, un système qui mérite l'une et l'autre désignation : voici en quel sens. Le système de Spinoza est un naturalisme qui, d'une façon très originale, mécaniquement, mathématiquement, se transforme en idéalisme. Naturalisme au début, il devient idéalisme à la fin. La substance, en passant par le fini, le multiple, la passivité, arrive à la conscience de soi ; ou, en d'autres termes, l'être, en traversant la passion, devient la béatitude. La politique et la morale de Spinoza nous montrent nettement cette transformation mécanique. Le point de départ en est le droit de la force. Or, par le jeu même des forces, selon Spinoza, la raison s'établit. La raison sort de la force comme d'une définition géométrique.

Ce système contient deux propositions principales : 1° la nécessité engendre d'elle-même et mathématiquement la conscience de la nécessité ; l'être nécessaire, par un simple développement analytique, devient la nécessité connue et comprise ; 2° la conscience de la nécessité se confond avec la béatitude.

La déduction, qui de la nécessité fait sortir la conscience de la nécessité, est évidemment très hardie. Elle constitue le miracle de la philosophie de Spinoza.

En admettant que cette déduction soit juste, la deuxième thèse ne nous en étonne pas moins. Qui de nous ne rêve un bonheur autre que celui de connaître purement et simplement ? Est-il bien sûr que la béatitude qu'on nous promet puisse satisfaire nos instincts moraux et pratiques ? Chacun de nous, non content de connaître ce que les choses contiennent de nécessaire, veut s'en servir pour réaliser certaines fins, et cherche le bonheur dans la perfection de l'action ainsi comprise. Avec Spinoza, ces rêves nous sont interdits : il n'y a, en réalité, ni volonté, ni aspirations, ni idéal ; c'est donc pure illusion que de chercher la béatitude ailleurs que dans la conscience de la nécessité.

L'être infiniment infini, substance de tout, est, dans ce système, conçu au seul point de vue de l'entendement, et, par suite, la volonté n'est qu'un mot. Il y a ici quelque chose d'étrange. Déjà les Anciens ont raisonné au seul point de vue de l'entendement ; mais pour eux l'être était fini et déterminé. L'infini était pour eux l'imparfait. Les philosophes scolastiques, et après eux Descartes et ses disciples, ont admis l'infini comme une perfection, mais ils l'ont placé dans une volonté et non dans une chose. Peut-être le principe de Spinoza est-il, comme on l'a dit, une monstrueuse chimère. Spinoza a peut-être attribué à l'être, objet de l'entendement, ce qui n'est concevable que dans l'être dont la volonté est le type. Une *substance infinie*, au sens où ces mots sont pris dans Spinoza (savoir : un infini actuellement donné), est peut-être, au fond, un *fini infini*, c'est-à-dire une contradiction dans les termes.

CHAPITRE V

Les prédécesseurs de Leibniz

MALEBRANCHE

I.

Nous avons parlé de Spinoza avant de parler de Malebranche, bien que d'ordinaire on considère ce dernier comme un intermédiaire entre Descartes et Spinoza. Mais nous avons d'abord en notre faveur la chronologie. Le *De Deo et homine* de Spinoza est de 1655 à 1661, le *De Emendatione* de 1656 à 1661. Malebranche, lui, n'a commencé à philosopher que de 1664 à 1674 et la *Recherche de la vérité* date de 1674 à 1712. — En outre, il est dangereux, dans l'histoire de la philosophie, de partir d'idées préconçues et de chercher *a priori* des chaînons intermédiaires. C'est un procédé hégélien, peu historique, que celui qui consiste à prendre les systèmes pour les divers moments d'un développement unique et nécessaire. Chaque système est un tout, une vue originale de l'esprit humain sur l'ensemble des choses.

Etudions, par conséquent, Malebranche pour lui-même et en lui-même, sans tenir compte de ses rapports avec les philosophes qui lui ont succédé.

Avant de considérer le système de Malebranche, voyons dans quel milieu intellectuel son génie s'est développé. — Malebranche est entré de bonne heure dans la Congrégation de l'Oratoire. A 22 ans, il est oratorien. Cette congrégation se distingue très nettement des autres : elle a été fondée dans un esprit de réforme morale du clergé ; bientôt elle s'est adonnée aux études de science et de philosophie. Le goût des études profanes y est très développé : elle allie le Platonisme à l'Augustinisme. Elle se distingue par une piété profonde et une grande science ; elle suit, en outre, une direction déterminée qu'on retrouve de nos jours chez le P. Gratry, la direction spiritualiste, qui va du dedans au dehors, de l'amour à l'action. Ce trait est fort important. On peut, sans cesser d'être orthodoxe, faire la part plus ou moins grande aux choses extérieures dans l'éducation morale de l'homme. Les Jésuites fondent leur méthode d'éducation sur cette loi qui veut que nous adaptions peu à peu les sentiments de notre âme à nos actions extérieures. Inverse était la tendance des Oratoriens : ils s'efforçaient de susciter directement la foi et l'amour, s'en remettant à la nature du soin de réaliser cette foi au dehors.— Malebranche, vers l'âge de 26 ans, commence à lire les traités *De l'homme* et *De la formation du fœtus* de Descartes. C'est pour lui une véritable révélation. L'idée de la science pure, absolue, lui apparaît comme réalisée. La méthode, dont il voit ici l'application, le remplit d'enthousiasme, et il se consacre dès lors à la recherche de la vérité. Il unit la piété à la science; car jamais il ne sépare l'idée religieuse de l'idée scientifique : il conçoit l'homme comme un tout ; c'est avec toutes nos forces qu'il faut aller à la vérité, avec le cœur comme avec l'esprit, avec la foi comme avec le raisonnement.

Tel est l'homme ; tel sera le point de vue. La méthode de Malebranche, en effet, consistera à aller du dedans au dehors. Aussi compréhensive que possible, elle mettra à contribution toutes les sources de lumière. L'*a priori* surtout sera mis en relief : c'est le même Verbe qui parle dans la raison du philosophe et dans l'Evangile. Dieu parle en nous et nous ne l'entendons pas ; écartons les obstacles qui viennent du corps, et nous l'entendrons. « Il faut, disait le P. Gratry, faire silence en soi et écouter Dieu. » Quoique mystique, cette méthode, selon Malebranche, ne diffère en rien de la méthode Cartésienne. Descartes, en effet, ne partait-il pas des idées de la raison ? Tel est l'esprit général de la méthode de Malebranche. — Les détails ont le même caractère. Malebranche fait la part plus grande encore que Descartes aux mathématiques. Pour Descartes, les mathématiques sont un spécimen de la vérité, et de la vérité créée par Dieu ; pour Malebranche, elles sont la vérité absolue elle-même. — Notons encore la doctrine de Malebranche sur l'Observation. L'observation, dit-il, a sa place légitime et nécessaire dans la science ; mais il faut s'entendre sur la signification de ses données. Elle a pour objet la nature, mais la nature actuelle n'est pas la nature absolue et vraie. Le péché a tout corrompu ; nous voyons les choses telles qu'elles sont et non telles qu'elles devraient être. Il faut, par conséquent, distinguer entre la nature apparente et la nature essentielle. Ce n'est pas par la simple observation que nous saurons ce que nous devons être, mais par une méthode intuitive, *a priori*, religieuse. Seule, l'intuition *a priori* nous fait connaître les choses, telles qu'elles sont sortant des mains de Dieu et non encore corrompues par le péché.

Quel est maintenant l'objet des recherches de Malebranche? L'homme, selon lui, est placé entre deux mondes, le monde divin et le monde des corps. Il est uni à chacun de ces mondes, mais il l'est surtout, dans l'état actuel et par l'effet du péché, avec celui des corps. Est-ce là l'union pour laquelle nous sommes faits ? Non, répond Malebranche, nous sommes créés pour l'union avec Dieu. L'objet de la philosophie sera donc de desserrer le lien qui nous attache au corps et de resserrer celui qui doit nous unir à Dieu.

Quel moyen emploiera Malebranche pour atteindre à cette fin ? Nul autre, selon lui, que le développement de la philosophie Cartésienne. — Le Cartésianisme a commencé à détacher l'âme du corps, la pensée de l'étendue. Mais, chez Descartes, l'âme agit encore sur le corps dans une certaine mesure, et réciproquement. Et l'entendement n'est pas intimement uni à Dieu : son objet, la vérité, est une création divine au même titre que les substances, car Dieu a fait librement les vérités éternelles. C'est pourquoi nous n'atteignons pas Dieu directement, dans le système de Descartes : nous ne le connaissons que par raisonnement. L'œuvre de Descartes n'est donc qu'un acheminement. Il faut rompre complètement l'attache de l'homme aux choses sensibles et montrer comment l'homme peut vivre en Dieu. C'est ce que Malebranche se propose de faire.

II.

C'est par les théories des *Causes occasionnelles* et de la *Vision en Dieu* qu'il essaiera de détacher l'homme du corps et de le réunir à Dieu.

1° *Théorie des causes occasionnelles.* — L'antiquité tout entière a vécu sur une idée fausse et impie, sur l'idée polythéiste. Cette croyance qu'il y a dans les créatures des forces, des âmes, des divinités, que les êtres particuliers peuvent agir, c'est-à-dire créer et être les rivaux du Dieu suprême : voilà la grande impiété et la source de toutes les erreurs du monde païen.

La première démarche de la philosophie consiste à renverser les idoles élevées par l'esprit d'après les suggestions des sens. La théorie des Causes occasionnelles est destinée à détruire l'idée polythéiste dans ses racines métaphysiques. Pour réfuter cette doctrine des causes efficientes particulières, Malebranche s'appuie sur les définitions cartésiennes de la substance et du mode : « La substance est ce qui se conçoit par soi ; — elle est esprit ou corps. » « La modification de la substance est ce qui se conçoit par la substance. » Or, se demande Malebranche, la force mouvante et, en général, la puissance, n'est enveloppée ni dans la pensée ni dans l'étendue, ni par suite dans l'union de la pensée et de l'étendue. En vain, Descartes a-t-il voulu maintenir une influence de l'âme sur le corps et du corps sur l'âme, en bornant cette influence aux *modifications* des substances. En effet, il ne faut pas s'imaginer les modalités comme séparées de la substance ; elles ne font qu'un avec elle. Pour déplacer un corps, par exemple, il faut aller contre l'action divine qui a créé ce corps. Le changement de direction que conçoit Descartes ne serait autre chose qu'une *création contre Dieu.* Mais Dieu seul peut créer. Il ne peut donc pas y avoir d'action sur les modalités, pas plus que sur les substances. C'est *à l'occasion* du mouvement imprimé à une boule qu'une autre boule se met à son tour en mouvement. En définitive, Dieu est l'unique auteur des modalités comme des substances, et les causes finies sont *occasionnelles* et non *efficientes.*

La genèse du mécanisme chez Malebranche est un point important de l'histoire générale de l'esprit humain. Le mécanisme est le principe de la science actuelle qui, plus que Leibniz lui-même, s'efforce de faire prévaloir des théories purement mathématiques, et de donner des principes des choses des définitions qui n'empruntent absolument rien à l'idée d'activité. Cette idée directrice de la science moderne a, chez Descartes, une origine intellectuelle et métaphysique. Descartes, en effet, a en vue de concevoir les choses clairement, distinctement, de les connaître avec certitude. Chez Malebranche, cette idée est déterminée, non plus seulement par des mobiles métaphysiques, mais par des mobiles religieux. L'idée judéo-chrétienne de la puissance infinie et de la majesté de Dieu préside à l'établissement de ce mécanisme pur. C'est parce qu'il faut que la créature ne soit rien devant le Créateur, que la nature devient un pur mécanisme.

2° *Théorie de la Vision en Dieu.* — La théorie des causes occasionnelles est le moyen de rompre définitivement le lien qui, chez Descartes, unissait encore l'homme aux créatures. Désormais, il n'y a plus entre eux d'action réelle ; leur union est toute contingente et apparente. Mais ce n'est là que la première partie de l'œuvre de Malebranche. Il faut maintenant rapprocher l'homme de Dieu plus que ne l'a fait Descartes. La connaissance de Dieu, selon Malebranche, ne nous est pas uniquement donnée par un raisonnement. L'union avec Dieu est notre condition naturelle, et c'est à cause des sens que nous nous imaginons être séparés de lui. Malebranche part, ici encore, de la doctrine de Descartes, mais pour la développer à sa manière.

Considérons d'abord le rapport de l'entendement humain à l'entendement divin quant à l'objet qui s'offre à sa vue. Selon Malebranche, nous ne voyons pas les choses matérielles en elles-mêmes, mais dans leur *idées*. Ce n'est pas tout : les idées ne sont pas seulement, comme le veut Descartes, des *créatures* éternelles, douées de propriétés, les idées sont des êtres. Infinies, elles ne peuvent nous venir, ni des choses matérielles, ni de l'âme elle-même. Enfin, toutes les idées se ramènent à l'étendue intelligible infinie (toute particularisation de l'étendue n'étant qu'un *sentiment*, dont nous attribuons la manière d'être à l'étendue intelligible elle-même). Or, l'étendue intelligible infinie n'est possible que comme objet de l'entendement divin. Par conséquent, dire que nous voyons les corps dans les idées, c'est dire que nous les voyons en Dieu. Les idées sont l'objet commun de l'intelligence divine et de l'intelligence humaine, tandis que, chez Descartes, l'entendement divin est incommensurable avec le nôtre et impénétrable pour nous. Malebranche, par cette théorie, rapproche déjà l'homme de Dieu bien plus que ne faisait Descartes.

Mais il n'y a là qu'un trait d'union entre Dieu et l'homme. Ne serait-il pas possible de les unir d'une façon plus intime ? — Les idées ont entre elles des rapports et ces rapports sont les vérités (rapports de grandeur et rapports de perfection, les premiers constituant les vérités *spéculatives*, les seconds les vérités *pratiques*). L'ensemble des vérités constitue la raison. Or, à y prendre garde, ces vérités sont plus que des idées ; elles ne sont plus seulement l'*objet* de l'intelligence divine : elles sont en Dieu d'une manière plus intérieure. A la raison, en effet, est subordonnée toute volonté, même la volonté divine. Donc, la raison est et ne peut être que la raison divine ; elle est Dieu même. En atteignant ces vérités, nous ne restons plus au seuil du monde divin, nous y entrons. Notre raison et la raison divine ne font qu'un. La connaissance des *vérités* n'est plus une simple contemplation, c'est déjà une union avec Dieu.

Mais ce n'est pas encore la substance même de Dieu que nous révèle la *vérité*. Cette substance nous est-elle inaccessible ? Nullement. Selon Malebranche, Dieu est l'être infiniment infini, infini en tous sens et de toute manière. Il y a des infinis plus grands que d'autres infinis, mais Dieu est l'infini infiniment infini. Or, un tel être n'a pas d'archétype; car il ne peut être représenté, et il n'y a pas d'idée de Dieu distincte de Dieu. Dieu donc, ou n'est pas saisi du tout, ou est saisi dans sa substance même : il n'y a pas de milieu. — Mais nous avons en nous l'idée de Dieu, comme l'a montré Descartes. Si l'idée de Dieu et Dieu sont une seule et même chose, avoir en soi l'idée de Dieu, c'est avoir Dieu lui-même.

Nous ne pouvons pas, toutefois, ne faire qu'un avec Dieu; nous voyons directement sa substance, nous ne la possédons pas. Posséder la substance divine, ce serait voir comment de cette substance dérivent les attributs divins. Or, cette connaissance *a priori* de l'essence divine n'est possible qu'à Dieu lui-même.

Ainsi, Malebranche a pris pour point de départ les doctrines cartésiennes relatives aux vérités éternelles et à l'existence de l'idée de Dieu en nous, et il a développé ces théories d'après une définition de Dieu différente de celle de Descartes.

III.

Le développement de la philosophie dont les deux théories qui précèdent fournissent les principes, n'est autre que la réalisation même de l'union avec Dieu et de la séparation d'avec le corps.

Les deux idées qui dominent les théories particulières de Malebranche sont les suivantes : *a) L'Idée de Dieu,* fin de l'activité humaine. Dieu est conçu par Malebranche comme l'ordre immuable. Dieu est à la fois l'universel et la perfection ; en lui, la volonté obéit à la raison, mais la raison elle-même contient un élément moral, à savoir l'ensemble des rapports de perfection. *b) L'Idée de matière :* Selon le mécanisme de Malebranche, toute substance créée est dépourvue d'activité propre, et cependant est une substance. Aux créatures appartient la substantialité sans la causalité.

On peut distinguer trois parties dans la philosophie de Malebranche : 1° la philosophie de Dieu ; 2° la philosophie du corps ; 3° la philosophie de l'esprit.

1° Philosophie de Dieu. Le Dieu de Malebranche est en apparence celui de Spinoza : il est ce qu'il y a de positif dans tous les êtres. Mais il ne faut pas abuser des formules que l'on trouve dans les écrits d'un philosophe. Jamais Malebranche, esprit chrétien, préoccupé de morale et non pas seulement de métaphysique, n'eût consenti à destituer Dieu des caractères moraux. Dieu est la perfection infinie. En lui sont les rapports d'excellence aussi bien que les rapports de grandeur, et ceux-ci sont subordonnés à ceux-là. La ressemblance entre le système de Malebranche et celui de Spinoza n'est donc qu'apparente : l'âme des systèmes est différente.

2° Philosophie du corps. L'existence des corps est connue par la seule révélation, parce qu'elle ne peut se déduire de l'étendue intelligible infinie. Quant aux lois de la matière, Malebranche est encore plus mécaniste que Descartes. Le particulier se ramène rigoureusement au général. La contingence que Descartes admettait encore en ce qui concerne l'application des lois générales et la direction du mouvement, n'a pas de place dans le système de Malebranche.

3° Philosophie de l'esprit. La doctrine de l'âme est très remarquable chez Malebranche. Selon lui, nous connaissons l'âme de deux manières, par *sentiment* et par *lumière*. Par sentiment nous connaissons son existence, mais non sa *nature*. On ne peut connaître une chose que par son idée. Or, l'*idée* ou définition de l'âme, nous fait défaut. Si donc nous voulons connaître l'âme par lumière, il nous faut prendre un biais. Nous savons que dans l'âme, comme dans le corps, il n'y a point d'activité et qu'entre l'une et l'autre il y a absolu parallélisme. Donc les phénomènes psychiques peuvent être représentés par des termes physiques, et nous pouvons, en partant de la considération du corps, parvenir à quelque connaissance de l'âme. La méthode consiste à traduire en quelque sorte les termes physiques en termes psychologiques.

Malebranche, en effet, va du corps à l'âme. Pour savoir combien il y a de facultés en nous, considérons les corps : nous y trouvons l'étendue et le mouvement. De même il y a dans l'âme entendement et volonté. Dans l'étendue on distingue la figure proprement dite et la configuration intérieure des molécules. De même il y aura dans l'entendement humain deux degrés : 1° Les *perceptions pures*, dans lesquelles l'âme n'est pas touchée par les objets, et 2° les *perceptions sensibles*, dans lesquelles l'âme est émue et modifiée.

L'entendement répond ainsi exactement à l'étendue. La volonté répond au mouvement en tant qu'elle est inclination. Mais elle possède en outre la faculté de dévier de la ligne droite, ou liberté : nous pouvons nous détourner de Dieu, tandis que les corps ne se détournent pas de la direction que leur imprime l'activité divine.

En morale, nous devons nous appliquer à distinguer la vraie et la fausse nature de l'homme. Sa vraie nature, c'est la raison. Nous devons donc suivre l'ordre *immuable* et *divin*, non l'ordre de ce qu'on nomme la nature, mourir aux sens pour vivre par l'esprit. Il ne faut pas confondre la vertu avec le devoir, qui n'est que l'accord extérieur de l'action avec la règle. Le simple accomplissement du devoir n'a point de valeur morale; c'est l'amour rationnel de l'ordre, ou vertu, qui nous unit à Dieu.

IV.

Quels sont les éléments de la Philosophie de Malebranche? — Elle procède de Descartes, de Platon et de saint Augustin. A Descartes elle doit sa définition de l'âme et du corps, la théorie de la substance, pensée ou étendue, et enfin la doctrine de l'entendement et des sens. Mais Malebranche *réalise* les idées qui, selon Descartes, sont les objets de l'entendement, et c'est à Platon qu'il emprunte les principes de cette réalisation. C'est Platon qui lui fournit le type des idées-êtres. Enfin, c'est avec saint Augustin que Malebranche cherche dans la raison divine le sujet de ces idées, et subordonne, en Dieu, la volonté à la raison.

Mais Malebranche ne juxtapose pas ces théories ; il les organise et les dépasse. La vision en Dieu est une connaissance de Dieu plus intime que celle qu'avait conçue saint Augustin, et la théorie des causes occasionnelles est plus radicale que le mécanisme Cartésien.

Quelle est la place historique de ce système ? — L'étude de la philosophie de Malebranche donne lieu à une remarque générale sur la marche de l'esprit humain. Dans l'antiquité se produisit un événement très significatif, après que Socrate eût conçu sa doctrine, qui faisait consister la philosophie dans la science morale, et se constituait en opposition avec la métaphysique et la physique des anciens Sages. Platon et Aristote firent du principe même de Socrate, la base d'une métaphysique et d'une physique nouvelles : grâce à la notion de la finalité, la recherche des premiers principes de la nature fut réintégrée dans la philosophie.

Les phénomènes de ce genre sont nombreux dans l'histoire de la philosophie. Nous en trouvons un exemple dans la fortune de la philosophie de Descartes. Ce mathématicien avait constitué un système exclusif des idées religieuses, politiques et même morales. La passion, le gouvernement des hommes, la liberté et la béatitude étaient pour lui des objets inférieurs ou supérieurs à l'objet de la science. Or, Spinoza a réintégré les passions dans la nature conçue à la manière cartésienne, et fait rentrer par là, dans la science, la politique et la morale.

Malebranche a fait plus : Descartes avait exclu de la philosophie la religion, comme reposant sur la volonté divine, incompréhensible, infinie. Dieu seul, selon Descartes, connaît les raisons de ses décrets. Notre entendement n'a rien de commun avec le sien. Malebranche, au contraire, soutient que l'entendement fini de l'homme a le même objet que l'entendement infini de Dieu, et, partant de là, réintègre le christianisme dans la philosophe cartésienne.

Descartes a éliminé, en outre, l'étude de l'activité. Pour lui, la liberté est univoque en Dieu et en l'homme et dépasse infiniment notre entendement. Malebranche, sur ce point, va plus loin que Descartes : il réserve pour Dieu toute l'activité. Ne se produira-t-il aucune tentative pour réintégrer dans le Cartésianisme l'analyse même de l'activité, repoussée par Descartes ? Une telle tentative a été faite, et c'est l'objet de la philosophie de Leibniz.

Il reste à savoir si, en réintégrant tous ces éléments dans le Cartésianisme, on ne fera pas éclater le cadre. Spinoza et Malebranche sont déjà loin de Descartes. Leibniz pourra-t-il encore être appelé un cartésien ?

CHAPITRE VI

Les prédécesseurs de Leibniz

LOCKE

On aperçoit vite l'idée maîtresse de Descartes, de Spinoza ou de Malebranche ; il est difficile de bien voir celle de Locke. Il est impossible même de ramener l'ensemble de ses spéculations à une idée unique. Aussi, au lieu d'exposer le principe de Locke, allons-nous plutôt indiquer les difficultés que nous rencontrons dans la recherche de son idée directrice. Locke n'est pas un philosophe de profession, et, surtout, il n'est pas métaphysicien. Il a étudié la politique, les sciences naturelles, la littérature ; il a voyagé et mené la vie du monde. Ce n'est qu'à l'âge de 38 ans (1670) qu'il éprouva le besoin de philosopher, après une longue discussion qu'il avait soutenue avec des amis sans arriver à aucun résultat. Il s'avisa alors qu'il serait utile de faire le départ des choses que l'esprit peut connaître et de celles qui sont hors de sa portée. Il jugea nécessaire d'examiner la nature et les facultés de l'esprit humain : cette idée grandit et mûrit en lui, et, au bout de dix-huit ans, il avait écrit l'*Essai sur l'Entendement humain.* Locke a fait une œuvre très sérieuse. Il a lu et médité Bacon, Descartes et Gassendi ; Descartes non moins que Bacon a exercé sur lui une grande influence ; mais il est plutôt un homme instruit et sagace qui a philosophé qu'un véritable philosophe. Il a certes apporté beaucoup d'idées originales et fécondes ; mais lui-même n'a pas édifié un monument complet, comme Descartes ou Leibniz.

I.

Quel est l'objet principal de l'*Essai sur l'Entendement* ? Rien de plus net, à première vue. Locke veut, nous dit-il au commencement, déterminer la capacité de l'esprit humain, les bornes de la certitude de nos connaissances. Les choses, comme l'a dit Bacon, dépassent peut-être notre portée, et il est trop simple de croire qu'elles se reflètent en notre esprit. Peut-être notre esprit est-il mal approprié à réfléchir la réalité. Voilà quelle est l'idée qui est d'abord mise en évidence.

Quelle méthode emploiera Locke pour arriver à déterminer la capacité de l'esprit ? Ici Locke écarte expressément les recherches instituées par les Cartésiens. Il ne faut point, dit-il, s'occuper de l'origine première ni de l'explication de nos idées. Pourquoi chercher si elles viennent de nos organes, ou d'un esprit pur ? Il ne faut mêler à la psychologie ni la métaphysique ni la physiologie. Il faut prendre les idées telles qu'elles nous sont données par la conscience et en suivre le développement historique. L'esprit humain étant considéré comme donné, il en faut étudier les phases sucessives, de l'enfant à l'homme mûr. — La description, l'étude objective, par simple observation, de la manière dont les idées se développent historiquement dans l'esprit humain : telle est la méthode préconisée par Locke.

Mais Locke, ici, suit-il bien son idée ? Est-ce que la connaissance de l'histoire de l'esprit humain peut résoudre le problème qu'il s'est posé ? Est-ce qu'elle peut nous éclairer sur la capacité de l'esprit, sur la vérité ou la fausseté de ses idées ? De ce qu'une idée est acquise, s'ensuit-il qu'elle soit factice ? S'il en était ainsi, l'idée de la rotation de la terre serait une idée factice et fausse. Autre chose est décrire le travail d'un artiste, autre chose juger son œuvre. En tout cas, Locke ne montre pas le rapport qu'il peut y avoir entre ces deux points de vue. Admettons d'ailleurs que jusqu'ici l'esprit humain n'ait pas atteint la connaissance de certaines choses, s'ensuit-il qu'il ne pourra jamais les connaître ?

Mais passons sur cette critique et tenons-nous en au dessein de raconter l'histoire du développement de l'esprit humain. Comment s'y prendra Locke pour accomplir cette tâche ? Il n'emploiera pas l'analyse, comme fera plus tard Condillac : Locke n'est pas le père de l'idéologie française, laquelle procède de Descartes autant que de l'empirisme anglais ; il entend ne considérer que des choses données, concrètes, réelles, et se rendre compte de la formation de la connaissance humaine en les combinant. Analyser les données de la conscience, ce serait substituer aux choses réelles des choses factices, des êtres de raison et d'imagination. Pour arriver à construire la connaissance telle qu'elle existe actuellement, il faut partir des idées simples de l'enfant ou du sauvage, et assembler ces idées suivant les lois qui, dans l'humanité réelle, président à leur assemblage.

Le point de départ de Locke est donc le donné primitif. Avec ce donné, Locke construira l'édifice de la connaissance. Le résultat, c'est-à-dire la conformité de l'édifice idéal avec l'édifice réel, démontrera la vérité de la théorie. Nous partons d'une hypothèse, dit Locke ; nous la développons selon une certaine loi ; si nous trouvons à la fin la reproduction exacte de la réalité actuelle, l'hypothèse sera vérifiée.

Ici encore nous sommes arrêtés. Locke démontrera par une construction la légitimité d'une hypothèse. Mais quel rapport cet objet a-t-il avec le précédent ? Tout à l'heure nous voulions simplement faire œuvre d'historien ; maintenant nous annonçons que nous partirons d'une hypothèse, et qu'après l'avoir développée, nous confronterons le résultat avec la réalité. Il y a là une analogie avec le système du monde de Descartes. Ce philosophe prétend bâtir avec de la matière et du mouvement un monde tout semblable au nôtre. De même, Locke justifiera l'hypothèse que notre connaissance procède tout entière de telles données initiales par la nécessité de cette hypothèse. Nous sommes en présence d'une hypothèse scientifique.

En quoi consiste cette hypothèse ? Le voici : toute la connaissance, dit Locke, dérive de l'expérience. L'expérience, c'est l'impression que fait sur notre esprit l'action des choses extérieures et l'impression que font également sur notre esprit les opérations de notre âme. Il y a donc : 1° des impressions sensibles : *sensations,* 2° des impressions qui se produisent sans l'intermédiaire des sens : *réflexions.* — Cette définition repose sur la comparaison de l'esprit avec une tablette enduite de cire. La tablette doit recevoir l'empreinte 1° des choses extérieures, 2° des opérations de l'esprit lui-même. Mais ces deux objets sont-ils séparés dans la réalité comme le suppose Locke ? Et le *donné* véritable n'est-il pas l'union de ces deux éléments, sans qu'on puisse dire lequel est donné avant l'autre ?

Ici encore il y a une déviation dans la marche des idées de Locke. Il ne prend pas pour point de départ l'expérience pure et simple, la constatation de nos états de conscience, mais l'expérience entendue d'une certaine manière. L'expérience de Locke saisit les choses extérieures, avant de saisir les opérations de l'âme ; et, de plus, elle consiste en idées claires et distinctes, interposées entre l'esprit et les objets dont elles sont les images.

II.

Quel usage va faire Locke des données de l'expérience ? Il semble que Locke ait voulu construire un édifice pièce à pièce. Il prend d'abord les matériaux, qu'il assemble ensuite. Les matériaux sont 1° les *idées simples,* 2° les assemblages stables de ces idées ou *idées complexes.* Il y a donc à distinguer entre les matériaux donnés et les matériaux fabriqués. Quant au mots, ils sont les signes des idées abstraites et par conséquent complexes : ils rentrent donc dans les matériaux fabriqués. Etant donnés ces matériaux, l'esprit les compare et établit entre eux des rapports de convenance ou de disconvenance, d'où résultent les jugements et les raisonnements, lesquels constituent la connaissance (*knowledge*).

N'y a-t-il pas là une nouvelle déviation ? Les idées simples qui vont être les matériaux de l'édifice sont-elles bien l'expérience, telle qu'on l'a définie ? Les impressions de sensation ou de réflexion sont-elles ces matériaux simples, exclusifs de toute forme, que suppose la construction dont il s'agit maintenant ? Locke transporte dans le monde des idées la notion de l'atome. Ses idées simples sont à la connaissance actuelle comme, selon Démocrite, les atomes sont au système du monde. Ce sont des atomes intellectuels. L'expérience donne-t-elle de tels atomes et les lois de leur combinaison ?

Entrons toutefois dans le détail. Quelles sont les idées simples ? Celles qui nous sont fournies soit par un sens, soit par plusieurs sens indifféremment, soit par la réflexion, soit par la sensation ou la réflexion indifféremment. Ainsi nous recevons d'un seul sens l'idée de lumière, de plusieurs indifféremment celle d'espace. Nous recevons de la réflexion l'idée de perception et de volition, de la réflexion ou de la sensation indifféremment, celles de plaisir, d'unité, de puissance et d'existence. Ces idées sont simples en ce sens qu'elles sont homogènes ; elles ne sont pas décomposables pour la conscience ; elles sont toujours identiques à elles-mêmes. Elles n'ont pas de lien entre elles : elles sont des unités semblables à des grains de sable épars, à des caractères dont chacun a une existence propre.

Mais ici les difficultés redoublent. Est-il bien évident qu'il n'y a de donné que des idées individuelles absolument sans lien entre elles, et que l'enfant n'est pas, comme on l'a dit, essentiellement métaphysicien, l'esprit humain débutant, non par l'individuel, mais par le général ? Aristote lui-même croit qu'il y a du général dans la sensation. — Cette notion du donné empirique est-elle claire ? Pour Locke, le donné existe en soi : ses idées sont des idées en soi, des entités, des atomes métaphysiques. Mais est-ce que le donné est ainsi quelque chose d'absolu ? Est-il le même pour un individu que pour un autre, et, pour le même individu, à des degrés différents de culture intellectuelle ? Peut-on, en un mot, séparer le donné du sujet qui le reçoit ? Pour le mathématicien, telle notion mathématique qui m'apparaît comme simple et claire, est très complexe et exige une longue série de démonstrations. En réalité, nous ne voyons pas les choses d'une façon passive ; nous ne sommes pas de pures réceptivités. L'artiste ne voit pas les choses comme le savant. Nous mettons toujours du nôtre dans nos perceptions. Le donné est donc relatif. Le donné absolu nous fuit quand nous voulons le saisir et l'isoler, et nous ne le trouverons peut-être jamais.

III.

Poursuivons l'exposition du système. Il s'agit maintenant d'assembler les idées simples. Une nouvelle solution de continuité va se produire. Les idées ne peuvent pas s'assembler d'elles-mêmes. Comment va faire Locke pour faire un édifice ? Il suppose d'abord que ces idées qui sont des entités passent constamment devant nous « comme un train », puis que l'esprit a la faculté de fixer son attention sur certaines d'entre elles et de les arrêter au passage. Grâce à cette double condition, l'esprit peut faire, avec des idées simples, des idées complexes, telles que les idées de modes, de substances et de relations. — Ainsi se forment les connaissances les plus riches et les plus hautes de l'esprit humain.

Pour passer des idées simples aux idées complexes, Locke suppose, en premier lieu, que les idées se succèdent continuellement dans l'esprit. Mais une telle succession n'est pas contenue dans la notion de l'idée simple, pas plus que le mouvement n'est contenu dans l'idée d'atome. Le mouvement des idées ne s'explique pas mieux sans moteur que le mouvement des êtres matériels. Locke suppose ensuite que l'esprit a la faculté de fixer son attention sur ces idées, de les arrêter au passage et de les joindre les unes aux autres. Mais comment connaissons-nous cette faculté de l'esprit ? Est-ce par ses résultats ? — Mais alors nous ne savons pas si elle appartient à l'esprit ou aux choses elles-mêmes ? Est-ce en elle-même ? Alors nous saisissons autre chose que des idées. Nous saisissons aussi des facultés, des puissances. En un mot, cette intervention de l'esprit reste inexpliquée.

Mais supposons données les idées, tant simples que complexes ; comment passer à la proposition, à la connaissance proprement dite ? Etant donné les idées, l'esprit les compare, et juge que les unes conviennent entre elles et que les autres ne conviennent pas. Cette convenance peut être ou l'identité, ou la relation, ou la coexistence, ou l'existence absolue ; et elle peut être aperçue, soit par intuition, soit par déduction, soit par sensation. La connaissance consiste dans la juste affirmation de ces rapports.

Voilà comment s'achève la construction de la connaissance au moyen des idées comme matériaux. On introduit un pouvoir de l'esprit que rien ne faisait prévoir et qui joue un rôle indispensable et considérable. Tout à l'heure, pour former les idées complexes, l'esprit rapprochait les matériaux quantitativement ; maintenant, pour former les jugements, il les rapproche qualitativement.

En résumé, Locke suppose deux choses : 1° *une succession constante d'idées* (a train of ideas) passant devant l'esprit. — Ces idées, d'où viennent-elles ? Sont-elles la représentation pure et simple de la réalité, ou une réaction de l'esprit impressionné par l'action de quelque cause externe ou interne ? Nous n'en savons rien ; 2° la faculté qu'a l'esprit de réunir ces idées quantitativement et, de plus, la faculté de les comparer au point de vue de la qualité. —

Supposition toute gratuite, étant donné le point de vue général de Locke.

Locke pense avoir construit avec ces donnés le monde de la connaissance comme Descartes, avec ses principes, avait construit le monde des corps. Il n'y a pas lieu d'examiner si le résultat auquel arrive Locke coïncide avec la réalité : le défaut de coïncidence peut tenir à un vice d'exécution. La critique doit porter plus haut. Il y a, dans le système de Locke, un vice de conception. Les principes qu'il pose sont vagues. Nous ne savons pas ce qu'est ce donné, que Locke prend pour point de départ, ni cet esprit qu'il introduit sans l'avoir défini.

Il reste à parler des conséquences que Locke tire de son système, relativement à la question qu'il s'est posée au début sur la capacité de l'esprit humain. Locke distingue deux sortes de connaissances, l'une donnée, l'autre fabriquée. Tout ce qui est donné est vrai absolument ; tout ce qui est fabriqué est ou vrai en un sens seulement relatif, ou sujet au doute. Dès lors, toute idée simple est vraie ; les idées complexes de mode et de relation sont vraies relativement. Ces idées qui n'ont pas de modèles ou archétypes extérieurs, ne sont pas non plus représentatives de réalités. Elles sont à elles-mêmes leurs archétypes et sont vraies en ce sens et dans ces limites. — Quelle est la valeur de cette doctrine ? Pourquoi le donné est-il le vrai ? Est-ce parce qu'il est la représentation des choses ? Mais il n'y a, dans le système de Locke, qu'un rapport *contingent* entre les choses et les idées qui en sont les signes. La vérité reposerait-elle donc sur la volonté arbitraire de Dieu ? Et d'où vient la fausseté des idées factices ? Elles sont fabriquées par nos facultés, lesquelles sont exclusivement naturelles, car Locke nie le libre arbitre. Pourquoi la nature est-elle infaillible ici et faillible là ? Entre les idées simples et les idées factices il ne peut y avoir, dans le système de Locke, qu'une différence de degré.

IV.

En somme, l'idée première du système n'est pas bien suivie. A chaque pas on trouve une déviation ou une solution de continuité. Il n'y a pas là une pensée maîtresse d'elle-même, le vigoureux génie d'un Descartes ou d'un Spinoza. Toutefois l'œuvre de Locke a été extrêmement féconde. Et c'était justice.

On y remarque, en effet, deux tendances nouvelles fort importantes : — 1° la tendance à expliquer la connaissance d'une manière naturelle, par le jeu des facultés de l'âme et non par des idées innées. La nature, disait Pascal, est peut-être un résultat, le produit d'une habitude. Locke pense ainsi de notre nature actuelle et cherche comment nous l'avons acquise. Et il tend à résoudre en opération de l'esprit tout ce qui apparaît comme simple et primitif. — 2° La tendance à l'Idéologie. Locke prétend expliquer la connaissance par ses matériaux, le contenu de l'esprit par les idées simples. Cette doctrine est très remarquable. Nos idées, en effet, ont deux faces, l'une tournée vers les choses, l'autre tournée vers l'esprit. Jusqu'à Locke on avait cherché, en se plaçant au point de vue ontologique, les choses sous les idées. Locke, lui, distinguant nettement le côté subjectif de l'idée de son côté objectif, fait du premier la mesure du second. Les choses, désormais, gravitent autour des idées. Ce changement de point de vue a des conséquences considérables. Les relations posées immédiatement comme objectives sont connues comme nécessaires : telles sont les relations des êtres dans le Spinozisme. Au contraire, il y a de l'hétérogénéité et de la discontinuité dans les choses considérées sous leur face subjective. Il nous semble, à tout le moins, que la succession de nos idées n'est pas continue et fatale, et qu'elle dépend de nous. A des rapports de nécessité se substituent ainsi des rapports de contingence. L'esprit se sent la force de dissocier ses idées. Si donc les choses sont pour nous fonction des idées, la nécessité est subordonnée à la contingence. Elle ne pourra être rétablie que si l'on en trouve le principe dans le sujet lui-même. C'est ce que fera Kant, substituant à la contingence de Locke et de Berkeley une nécessité synthétique. Mais l'œuvre de Locke rendait seule possible l'œuvre de Kant.

CHAPITRE VII

LEIBNIZ

Histoire de ses idées

Nous avons examiné rapidement les principaux systèmes modernes. Nous pourrons maintenant mieux comprendre la philosophie de Leibniz et voir plus aisément quelle a été sa part d'originalité. Mais, avant d'étudier le système de Leibniz en lui-même, il est utile de tracer l'histoire de sa pensée et d'examiner les diverses phases par lesquelles a passé son esprit. La tâche est difficile. Rien de plus divers, en effet, rien de plus multiple et de plus universel que l'activité intellectuelle de Leibniz. Aristote est le seul philosophe qui puisse lui être comparé. Mathématiques, logique, métaphysique, histoire, politique, droit, morale, religion, langues, arts mécaniques, tout est étudié par Leibniz, et l'on peut même dire qu'il dépasse en universalité Aristote, plus renfermé dans les sciences théoriques. Toutefois, ce dernier se distingue de Leibniz en ce que son activité est très réglée et méthodique. L'ordre qu'il a mis dans les productions de son esprit est si grand qu'il est impossible de croire qu'il ait jamais livré sa pensée au hasard. Tandis que la pensée d'Aristote est toujours maîtresse d'elle-même, celle de Leibniz semble un peu confuse et désordonnée. Il en résulte une difficulté que nous ne devons pas essayer de vaincre entièrement, de crainte que notre tableau de la pensée de Leibniz ne soit infidèle. Nous ne décomposerons donc pas ce penseur en mathématicien, politique, logicien, etc. Nous le prendrons tel qu'il est, pensant à tout à la fois, Car, chez lui, il n'y a pas comme chez Aristote une séparation entre les diverses activités intellectuelles. Il y a, au contraire, dans son esprit, un mélange et comme une pénétration de toutes choses.

Suivons l'ordre chronologique en nous occupant uniquement de la marche de la pensée de Leibniz, c'est-à-dire de la forme intellectuelle qu'il applique aux objets divers dont il s'occupe.

I.

Période de Leipzig (1646-1666). — Sa vie s'étend de 1646 à 1716. Son père était jurisconsulte et professeur de morale à l'Université de Leipzig. Sa mère était fille d'un professeur de droit. Leibniz a donc vécu dans un milieu juridique et académique. Son père, qui mourut en 1652, s'appliqua à lui donner le goût de la lecture, et, soit hérédité, soit influence de l'éducation, ce goût fut extrêmement vif chez Leibniz durant toute sa vie. Après la mort de son père, il fut presque abandonné à lui-même et dut s'instruire tout seul : il s'instruisit d'autant plus. Il fit preuve, dès cette époque, d'une curiosité inouïe et d'un génie extraordinaire. Il avait grand désir d'apprendre le latin, afin de pouvoir lire les auteurs anciens. Un jour, un volume illustré de Tite-Live lui tomba entre les mains. Au-dessous des images se trouvait un texte latin. Leibniz s'attache d'abord aux images, il lit et relit le texte explicatif ; peu à peu il entend quelques mots. Il lit alors et relit le livre jusqu'à ce qu'il le comprenne. Il arriva de cette façon à savoir, vers l'âge de onze ans, les éléments de la langue latine.

On voit donc que, dès l'enfance, se manifestent, chez Leibniz, deux traits de génie fort remarquables. Il a d'abord, le désir de connaître les choses en elles-mêmes, directement, et non d'après les idées convenues. Et sa curiosité à cet égard est infinie. Puis, il n'étudie pas d'une manière passive : il recrée les œuvres qu'il lit ; il invente la langue latine en même temps qu'il l'apprend ; il étudie en un mot d'une manière active et inventive. Ces deux caractères de l'enfant : 1° besoin de connaître, 2° besoin de recréer la réalité dans son esprit, se retrouveront chez l'homme. Leibniz est autodidacte, et la science qu'il acquiert lui-même, d'une part, porte sur les réalités, non sur les mots, d'autre part, consiste dans une forme qui vient de son esprit et par laquelle il reconstruit cette réalité.

Encore très jeune, Leibniz est envoyé au gymnase de Nicolaï, à Leipzig. Là, on lui défend de lire du latin. La bibliothèque même de son père lui est interdite. Mais il ne cesse de demander la permission de lire les auteurs anciens. Enfin l'un de ses maîtres, moins esclave de la routine que les autres, permet à Leibniz de pénétrer dans la bibliothèque paternelle. Il s'y enferma pour n'en plus sortir, et, là, il apprit le grec comme il avait appris le latin.

Voilà quels furent les débuts de la vie intellectuelle de Leibniz. De même, nous dit-il lui-même, que les gens qui vont souvent au soleil deviennent bruns, de même son âme se colora d'un reflet de l'antiquité « *in verbis ceterisque animi signis.* » Les Anciens lui apparurent comme des hommes graves et ils lui enseignèrent la clarté et la simplicité. Les modernes lui semblèrent petits en comparaison des anciens : il ne retrouvait point chez eux leur mâle et saine simplicité. Il raconte qu'il s'exerça à composer des vers latins. Il en fit un jour un très grand nombre en une matinée pour un de ses camarades qui fut vivement félicité par son professeur.

A l'école il ne lut pas seulement les auteurs anciens ; il apprit aussi la logique, pour laquelle il se passionna. Cet esprit, qui se prend d'enthousiasme pour tout ce qu'on lui enseigne, trouve la logique admirable, mais peu féconde : il voudrait qu'elle servît, non seulement à démontrer, mais à découvrir la vérité. Il croit que les *divisions* platoniciennes pourraient rendre à cet égard le service que ne rend pas le syllogisme. Par des questions habilement posées ne peut-on arriver à deviner ce qu'une personne a dans l'esprit? Ainsi, en même temps qu'il apprend la logique, il rêve de la réformer.

Il lit les scolastiques et les théologiens, en particulier Suarez, et le *De servo arbitrio* de Luther. Il se met au courant de toutes les polémiques religieuses qui agitaient les esprits à son époque. « Ces gens-là, dit-il de ses maîtres, ne se doutaient pas de mon ambition ; ils se trompaient grandement en croyant qu'une seule étude pouvait remplir la capacité de mon esprit. »

A 15 ans (1661), il entre à l'Université de Leipzig où il étudie d'abord la jurisprudence : il se prépare à devenir docteur en droit, en vue de sa carrière. Puis, il s'adonne à la philosophie, à laquelle il a déjà été initié par la Scolastique. Il a pour maître Jacob Thomasius, néopéripatéticien très versé dans l'histoire de la philosophie. Leibniz le loue d'avoir tenté de faire non l'histoire biographique, mais l'histoire des systèmes et de l'esprit humain lui-même. Il ne se borne pas à suivre les cours de ses professeurs ; il lit aussi les modernes : Bacon, Cardan, Campanella, Képler, Galilée, Descartes, etc. ; il les lit avec passion et émotion. Il voit quelle est la différence qui existe entre l'esprit ancien et l'esprit moderne, et il la formule de la manière suivante : Les anciens, ont admis des idées, des entéléchies, des formes substantielles ; les modernes rejettent ce genre de principes. Les anciens expliquent le monde par des causes morales, par la finalité, par le bien ; les modernes écartent la finalité et expliquent le monde mécaniquement : les choses sont considérées comme les produits de forces aveugles. Il médite longtemps sur cette différence tout en se promenant dans un bocage voisin de Leipzig. Enfin le mécanisme l'emporte dans son esprit, incomplètement toutefois. Pouvons-nous admettre, en effet, que Leibniz ait rejeté purement et simplement la philosophie morale des anciens ? Y a-t-il eu une époque où il ait été entièrement opposé à cette philosophie ?

Nullement ; mais il pense, pour l'instant, qu'il y a plus de vérité dans le mécanisme des modernes que dans la métaphysique des anciens.

Leibniz fut frappé de l'importance des idées des modernes, et il comprit qu'il devait étudier les mathématiques. Il alla à Iéna, où enseignait le professeur Erhard Weigel, lequel était à la fois mathématicien, mécanicien, astronome, juriste et philosophe, cherchant à concilier Aristote avec la philosophie moderne. Weigel lui montra le rapport des mathématiques avec les autres sciences, mais ne lui fit pas dépasser l'analyse élémentaire.

La curiosité de Leibniz n'étant pas satisfaite, il revint à Leipzig et se remit à l'étude du droit. Il étudia cette science d'une manière originale : il voulut, tout de suite, tirer parti de ses connaissances et il se mit à copier des actes : il apprit ainsi la pratique du métier et aussi la langue allemande, car tous ces actes étaient écrits en allemand, et c'était dans les documents juridiques que la langue s'était conservée dans toute sa pureté. Les sociétés savantes de l'époque préféraient employer d'autres langues ; Leibniz, lui, fut saisi d'admiration pour sa langue maternelle : il considéra le latin comme une langue défectueuse où les mots sont des formes figées, impropres à exprimer des idées vivantes et tout à fait propres, au contraire, à faire prendre des mots pour des idées. Il veut une langue vivante, qui se développe et marche comme l'esprit lui-même. Il estime le français, mais l'allemand lui paraît supérieur, comme plus pratique et plus transparent. Il aurait voulu écrire dans sa langue maternelle ; mais, comme il n'y avait pas à cette époque de public savant en Allemagne, comme, d'autre part, il voulait se mettre en communication avec le monde entier, il écrivit surtout en français.

En1666, il se présente au doctorat en droit (il avait été reçu bachelier en philosophie à 17 ans, 30 mars 1663) : il est refusé et en conçoit quelque humeur ; mais il se présente quelque temps après à Altdorf où il est reçu (5 nov. 1666). Ses juges sont même remplis d'étonnement et d'admiration; ils apprécient son éloquence et sa puissance de déduction et lui proposent une chaire de professeur, qu'il refuse, parce qu'il veut auparavant connaître le monde.

Quand il eut été reçu docteur en droit à Altdorf, il alla à Nuremberg pour y voir une société d'alchimistes, de gens adonnés aux sciences occultes et appelés *Rosecroix* (*Rosenkreuser,* vraisemblablement du nom de Rosenkreuz, fondateur de cette société). Curieux de savoir ce qui se disait dans cette société, Leibniz demande à y être admis ; mais il fallait pour cela être versé dans les sciences occultes. Leibniz prend des livres d'alchimie, les étudie avec passion et remet au bout de huit jours au directeur de la société secrète, une dissertation qui le fait admettre. Il s'instruit quelque temps au milieu d'eux. On lui offre même de remplir les fonctions de secrétaire, mais sa curiosité était satisfaite, et il quitte Nuremberg. Il avait toutefois profité de son séjour dans cette ville pour y faire la connaissance du baron de Boinebourg.

Jetons d'abord un coup d'œil sur les travaux de la période académique. En 1663, il soutient pour son baccalauréat, sous la présidence de Thomasius, une thèse : *De principio individui;* le 7 mars 1666, il soutient « *pro loco* », c'est-à-dire pour être admis dans la faculté de philosophie, une thèse : *De arte combinatoria.* On remarque dans ces deux travaux combien Leibniz est anxieux de savoir s'il doit abandonner les formes substantielles d'Aristote. Il essaie déjà d'appliquer sa méthode de conciliation. Dans la thèse *De Principio individui* il est nominaliste, mais non d'une manière exclusive. Sans doute, dit-il, les individus existent, mais les idées générales sont des connexions véritables, des possibilités nécessaires de ressemblance. Si les individus ne sont pas les modes d'une substance unique et commune, du moins ils sont reliés entre eux par des lois. Il y a chez lui l'idée de loi nécessaire, sinon l'idée de substance. Son nominalisme est déjà, par conséquent, tempéré. Dans son *De arte combinatoria,* sur la combinaison des idées, il est préoccupé d'associer les mathématiques à la logique. Il conçoit déjà la possibilité de trouver pour les notions une symbolique analogue à celle que les mathématiciens ont inventée pour les quantités.

Dans ses études de droit, il montre une égale activité. Il cherche à appliquer au droit la méthode mathématique ; il essaie de fonder les propositions particulières du droit sur les principes rationnels.

Ainsi, pendant cette première période, Leibniz apprend et son originalité se manifeste déjà. Il essaie de concilier les sciences qu'il étudie ; il en cherche le principe rationnel, et pense que, vues de haut, les choses doivent apparaître cohérentes et harmonieuses.

II.

Période de Mayence (1667-1672). — Il devient conseiller à la cour de révision de l'électorat de Mayence, et il reste dans cette ville de 1667 à 1672. C'est la deuxième période de sa vie. Leibniz s'est surtout occupé, durant cet espace de cinq années, de questions politiques et religieuses. Son état d'esprit nous est révélé par les lettres qu'il écrit à cette époque au duc de Hanovre, Jean-Frédéric. Il écrit en 1669 un mémoire sur l'élection d'un roi en Pologne : *Specimen demonstrationum politicarum pro eligendo rege Polonorum,* où il suit la méthode mathématique et où il se place au point de vue des Polonais. Il écrit aussi, en 1670, un grand ouvrage en allemand sur *les moyens d'assurer la sécurité intérieure et extérieure de l'Allemagne.* Il propose de former une confédération dans laquelle chaque état conservera son individualité, mais néanmoins fera partie d'un tout sous la présidence de l'électeur de Mayence. Cette confédération devait reposer sur un fonds d'idées morales communes à tous les

Allemands. Si, dit-il, les Allemands n'ont pas encore pu s'unir, c'est qu'il n'y a pas d'esprit allemand. L'esprit est le vrai principe de l'unité. Il détourne les Allemands de l'imitation des Français. (V. une pièce de vers en allemand. Guhrauer, *L. s. Deutsche Schriften*, t. I, p. 439). Il s'occupe aussi de religion, — il veut réunir les catholiques avec les protestants. Il conçoit cette réunion comme devant résulter de ce fait, que les uns et les autres réussiront à s'élever à un point de vue supérieur. L'union ne se fera donc pas par des concessions mutuelles, et les deux confessions apparaîtront comme les deux faces de la même vérité.

Les travaux philosophiques de cette époque sont : les *Lettres au duc de Hanovre* (1671-1673), la *Dissertatio de stylo philosophico Nizolii* (1670), la *Theoria motus concreti* (1671) et la *Theoria motus abstracti* (1671).

On voit dans ces travaux que le point de départ de la philosophie de Leibniz est pratique et moral. Il veut fonder la jurisprudence, la religion et la morale, sur une démonstration scientifique de leurs vérités essentielles. — La jurisprudence doit être fondée sur une philosophie de l'âme, sur une philosophie morale ; elle doit reposer sur la raison. Mais il faut auparavant connaître l'âme scientifiquement, et cette connaissance nous fait défaut. Quelle est la méthode à suivre pour l'acquérir ? Selon Leibniz, on ne peut pas faire séparément la philosophie de l'âme. L'âme, en effet, ne se connaît pas isolément, car elle n'est autre chose que le fond du corps et sa raison. C'est donc en creusant la philosophie de la matière qu'on y trouvera les principes de la philosophie de l'âme. En ce qui concerne l'ordre de notre connaissance, c'est le corps qui vient avant l'âme et non l'inverse. Il faut donc posséder d'abord une philosophie du corps. Elle existe ; mais la philosophie de Descartes ne satisfait pas Leibniz, car elle tourne entièrement le dos à celle d'Aristote. Or, si Leibniz a abandonné un instant les formes substantielles, il n'a pas tardé à y revenir. Le mouvement, estime-t-il, ne peut venir que de l'esprit ; il n'est pas expliqué par Descartes qui, en physique, ne veut admettre d'autre principe que l'étendue.

Voilà où arrive Leibniz en partant de la jurisprudence. Il est conduit au même résultat en partant de la religion. Prenons, par exemple, le dogme de l'Eucharistie. Pour mettre d'accord ceux qui se querellent sur la transsubstantiation et la présence réelle, il faudrait une connaissance profonde de la nature de la substance corporelle. Le cartésianisme est ici encore insuffisant. Il faut donc réformer la philosophie naturelle.

C'est ainsi que Leibniz est amené à philosopher. Son point de départ est moral et religieux : il veut démontrer les vérités pratiques. Mais pour cela il faut concilier la philosophie et la mécanique. Cette conciliation sera possible si cette dernière science est réformée dans un sens que Leibniz entrevoit. Il s'agit de modifier les principes de la physique, de manière que cette science autorise une restauration des formes substantielles. Toutefois, à cette époque, la philosophie de Leibniz est encore loin d'être constituée. En 1672, il n'a pas encore l'idée de la réduction de la substance corporelle à la substance spirituelle. Il ne songe encore qu'à une réforme de la philosophie mécanique.

III.

Période de Paris (1672-1676). — En mars 1672, Leibniz est chargé d'une mission diplomatique à Paris afin de conseiller à Louis XIV de faire la conquête de la Turquie. Il profite de son séjour dans la capitale du monde savant pour s'entretenir avec les savants de cette époque et s'initier aux hautes mathématiques telles que les avaient développées les Français et les Anglais. Il lit Pascal, converse avec Huyghens. Il discute sur la philosophie et la théologie avec Arnauld et à son retour en Allemagne (1676) il converse avec Spinoza.

C'est en 1676 qu'il s'immortalise par la découverte du calcul infinitésimal.

Le calcul infinitésimal a une origine à la fois métaphysique et scientifique. L'infiniment petit est, en effet, une notion métaphysique liée à cette idée que dans l'étendue (c'est-à-dire dans ce qui est divisible) on ne peut pas trouver de véritable unité. Le point de vue de Leibniz consiste à considérer une grandeur donnée comme composée, non d'atomes qui seraient divisibles, non de points infiniment petits dont la somme ne pourrait faire une grandeur, mais de grandeurs plus petites que toute grandeur assignable. — La découverte de Leibniz, outre les progrès qu'elle faisait faire aux mathématiques pures, avait un double résultat. D'abord, elle permettait de rapprocher les mathématiques et la physique. Ce qui les séparait, en effet, c'était la différence du discontinu et du continu. Les grandeurs mathématiques n'étaient comprises, avant Leibniz, qu'au moyen du nombre qui est discontinu. Grâce au calcul infinitésimal le continu devenait calculable. De plus, elle fixait dans l'esprit de Leibniz cette idée que l'unité ne peut pas se trouver dans le composé, qu'elle préside à la composition et n'en est pas un élément, et qu'en un mot elle est un *requisit*, non une partie.

IV.

Période de Hanovre (1676-1716). — Mais en 1676 la métaphysique de Leibniz n'existe encore qu'en germe : il n'est pas encore arrivé à l'idée de la monadologie et de l'harmonie préétablie. Il quitte Paris et va s'établir à Hanovre comme bibliothécaire et conseiller du duc Jean-Frédéric.

A partir de ce moment commence la période où Leibniz fixe et développe les idées qu'il a conçues : c'est la période des résultats. Nous distinguerons les idées relatives à la *religion*, à la *politique*, aux *mathématiques*, à la *philosophie*.

En ce qui concerne la religion, il essaie de réconcilier le

catholicisme et le protestantisme. Il entretient à cet égard une correspondance avec Bossuet. Mais tandis que Bossuet veut absorber le protestantisme dans le catholicisme, Leibniz, lui, veut conclure une union *conservative*. Aucune des deux religions ne sera sacrifiée à l'autre ; toutes les deux subsisteront avec leurs caractères propres, mais elles se réconcilieront dans une doctrine supérieure, et s'accorderont sur un credo commun. Elles comprendront que ni l'une ni l'autre n'est entièrement en possession de la volonté divine, supérieure à toutes les formules.

En politique, il conçoit une idée analogue. Il veut que tous les princes d'Allemagne, tout en étant subordonnés à un pouvoir central, conservent leur autonomie, et pour cela, qu'ils envoient des représentants à un congrès.

Il fut chargé d'écrire l'histoire de la maison de Brunswick-Lunebourg : il montra dans ses *Annales Brunsvicenses* un souci très remarquable des origines et des causes insensibles du développement des peuples.

En mathématiques, et, en général, dans l'ordre des sciences, il achève sa découverte du calcul infinitésimal. Il fonde l'Académie de Berlin, pensant ainsi être utile aux sciences et à l'humanité. Enfin il noue des relations avec Pierre-le-Grand auquel il propose tout un plan d'organisation civile, intellectuelle et morale.

Le développement de sa philosophie comprend deux périodes, l'une de 1676 à 1685, l'autre de 1685 à 1716.

De 1676 à 1685 se place l'achèvement de son système. Nous ne savons pas parfaitement comment ses idées se sont fixées. Tout ce qu'on peut dire c'est qu'il était à cette époque en relations avec tous les savants et tous les philosophes du siècle et que c'est probablement sous leur influence et aussi grâce à ses lectures que son système s'achève par la constitution de deux doctrines principales :

1° La monadologie. Leibniz a trouvé que l'unité n'est pas un élément du composé et qu'elle le domine. Mais réfléchissant sur les découvertes de Loewenhoeck et sur la nature de l'âme et de la pensée, il pousse plus loin cette conception : il arrive à concevoir la substance comme consistant en un centre de perception ou d'expression du multiple dans l'un (monade).

2° L'harmonie préétablie. Les monades sont fermées les unes aux autres et chacune a sa nature propre. Pourtant l'univers doit être un. Réfléchissant, notamment sous l'influence des doctrines de Descartes et de Malebranche, aux diverses manières possibles d'expliquer l'accord des substances sans se mettre en contradiction avec les conditions de la science, il conçoit comment les monades peuvent avoir les unes sur les autres une influence métaphysique, fondement de la communication apparente des substances. Chaque monade représente tout l'univers, et chaque monade le représente à son point de vue, lequel est complémentaire des points de vue des autres monades. Il y a chez elles de la diversité Il leur faut de l'unité et de l'harmonie. Le système de l'harmonie préétablie est dès lors constitué.

A partir de 1685 Leibniz développe ces doctrines. De 1686 à 1690 se placent le *Discours de Métaphysique* et la correspondance avec Arnauld. Il écrit, en 1695, le *Système nouveau de la nature et de la communication des substances;* en 1703-1704, les *Nouveaux Essais;* en 1710, la *Théodicée.* Ces deux ouvrages les plus étendus qu'ait écrits Leibniz, sont des essais de conciliation. Dans l'un, il concilie Descartes et Locke en disant que toute connaissance est innée en nous comme virtualité, et que l'expérience est nécessaire pour faire passer les virtualités à l'acte. Dans l'autre, il concilie l'existence du mal avec la perfection de Dieu, en disant que le mal qui se rencontre dans le monde est la condition nécessaire d'un plus grand bien, de telle sorte que le monde est le meilleur possible. Enfin, en 1714, Leibniz résume toute son œuvre dans un écrit de circonstance : *La Monadologie.*

V.

Il y a, on le voit, continuité et unité dans cette vie intellectuelle si complexe, et si dispersée en apparence. Leibniz prend en tout pour point de départ la contrariété qu'il trouve dans les choses données. Mais il ne se contente pas de voir les choses séparément ; il ne s'en tient pas aux idées claires et distintes où Descartes voit les principes premiers de la science. Il cherche la conciliation des contraires. Il ne la cherche pas par voie de compromis. Il estime qu'il est fâcheux de se faire ainsi des concessions mutuelles. Les doctrines que l'on mutile pour les accorder avec d'autres, perdent leur vie, leur beauté et leur vérité. L'antagonisme des systèmes provient de leur étroitesse et non de leur empiètement sur le champ l'un de l'autre. Si nous sommes ennemis les uns des autres, ce n'est pas parce que nous participons de l'infini, mais au contraire parce que nous sommes finis. Leibniz emploiera donc une méthode de conciliation qui lui permette de conserver tout entières les doctrines antagonistes. Dans l'infini, dit-il, tout se réconcilie, tout a sa place et son rôle. Il veut s'élever toujours plus haut, arriver au point de vue de Dieu qui voit toutes les choses dans leur unité en même temps que dans leur individualité. Que serait-ce, en définitive, que cette science suprême d'où toutes les choses se compléteraient les unes par les autres ? Leibniz l'appelle une *mathématique métaphysique,* ou encore la *science de la perfection.* Nous chercherons quel est, au juste, le sens qu'il attachait à ces expressions.

Le génie de Leibniz, dont les deux qualités maîtresses étaient l'originalité et l'esprit de conciliation, ne fut ni compris ni apprécié par ses contemporains. Il vieillit et mourut seul, et son convoi ne fut suivi que par son fidèle secrétaire Eckhart. Le premier qui ait compris et proclamé son génie fut un Français, Fontenelle, dans l'éloge qu'il fit de lui devant l'Académie des Sciences de Paris, le 13 novembre 1717.

CHAPITRE VIII

LEIBNIZ

Le calcul philosophique

Nous n'essaierons pas de classer rigoureusement les diverses parties de la philosophie de Leibniz; ce serait, en effet, mal reproduire la marche de sa pensée. L'impossibilité d'une telle classification est si bien reconnue qu'on a été jusqu'à dire que Leibniz n'était pas un philosophe de profession et qu'il n'y avait pas de système Leibnizien. On allègue qu'en définitive Leibniz n'a pas écrit un ouvrage en règle. Les *Nouveaux Essais* ne sont que des remarques composées à propos du livre de Locke ; la *Théodicée* est un recueil de notes analogues, relatives au livre de Bayle. Il n'y a guère que la *Monadologie* qui forme un tout. Mais ce n'est qu'un résumé, écrit pour un prince. Sans aller jusqu'à de telles affirmations, il faut pourtant reconnaître que Leibniz a philosophé surtout à propos des idées des autres, qu'il traite telle ou telle question au gré des circonstances, qu'il écrit sur tous les sujets à la fois, et se contente souvent, comme il dit, d'ouvrir des voies nouvelles, laissant aux autres la tâche d'y avancer avec suite et méthode. Sa marche n'est pas comme celle de Descartes, rectiligne. Il procède par développement, non par déduction : il rayonne au lieu d'avancer.

Essayons de donner une idée de cette fécondité en tout sens, en ne nous imposant d'avance aucun autre ordre que la suite chronologique. Nous prendrons les problèmes un à un, tels qu'ils se présentent, en attendant, pour rapprocher les doctrines, qu'elles se coordonnent d'elles-mêmes. Il est probable que nos études, pour distinctes et séparées qu'elles paraissent, ne seront pas sans unité. Leibniz avait, en effet, pour principe : *Quærere in investigando unoquoque summum,* « en toute chose, aller aussi haut que possible. » Selon lui, en poussant ainsi chaque recherche jusqu'à ses dernières limites, on devait arriver à un point central où tout se concilie. Si donc le point de départ est multiple, l'unité est au terme.

I.

Une question préliminaire qui a préoccupé Leibniz dès son plus jeune âge et dont il a traité pendant toute sa vie, c'est la question de la méthode, de la logique formelle, c'est-à-dire de la forme de la science dégagée de toute espèce de matière.

Il s'est intéressé de très bonne heure à ce problème. Déjà, à l'école Nicolaï, il songeait à réformer la logique. Ses idées prirent corps peu à peu, à mesure qu'il avançait dans la connaissance des mathématiques. Il veut trouver une caractéristique, une spécieuse universelle, un organon de la science générale. *L'Ars magna* de Raymond Lulle, les nombres de la Kabbale, toutes les tentatives faites par l'esprit humain pour trouver la clef de la nature, hantent son esprit et stimulent son ambition. Ce projet paraissait chimérique à un grand nombre de ses correspondants et de ses amis ; il n'en crut pas moins toute sa vie à la possibilité de cette logique nouvelle ; et, bien qu'elle n'ait pas abouti, nous devons nous en occuper comme de l'une des idées les plus chères à Leibniz.

Les sources que nous utiliserons pour exposer les vues de Leibniz à ce sujet, sont les suivantes : 1° *Tractatus de arte combinatoria* (1666) ; 2° Fragments sur le calcul philosophique et la science générale, réunis par Erdmann, dans son édition des œuvres philosophiques de Leibniz ; 3° Lettre à Gabriel Wagner (1696), en allemand, sur l'utilité de la logique.

II.

Leibniz est frappé de la fécondité de la méthode mathématique des modernes. En effet, l'analyse apporte la certitude partout où elle est appliquée. Elle sert, non seulement à la science des nombres, mais aussi à la géométrie, comme l'a montré Descartes. — Qu'est-ce qui fait la beauté et la fécondité de cette méthode ? C'est que l'esprit n'a pas affaire à des choses qui lui sont étrangères et dont le fond est pour lui impénétrable, mais à des objets entièrement intelligibles. Un mot de la langue commune n'est pas un objet parfaitement intelligible ; c'est un composé qui reçoit divers sens selon les autres mots dont il est environné. Au contraire, les caractères des algébristes sont exacts et leur sens est absolument défini, parce qu'il est créé par l'esprit ; ils sont ainsi parfaitement maniables, *tractabiles* ; l'esprit peut les additionner et les soustraire entre eux ; il peut les combiner de mille façons. Le résultat des combinaisons sera aussi exact que les éléments. Les signes algébriques sont aux objets sensibles comme la monnaie est aux marchandises. Ce sont des symboles et non pas des images ; ils n'ont pas de ressemblance avec les choses ; mais, en revanche, ils sont exactement appropriés au travail de la pensée et aux exigences de l'esprit. La question est d'y ramener les choses. Les mathématiques modernes ont fait dans cette voie un pas décisif. Le rapprochement opéré par Descartes entre l'algèbre et la géométrie prouve que l'explication mathématique du monde n'est pas une conception fantastique, mais une entreprise réalisable, si l'on possède des symboles appropriés (*characteres tractabiles notionibus respondentes*, Erdm. 826).

Tels sont les avantages de la nouvelle méthode. Voilà pourquoi elle jouissait, au temps de Leibniz, d'un grand crédit au détriment de la méthode aristotélicienne.

Que fera Leibniz ? Remarquons qu'il vit au milieu de savants qui croient à l'incompatibilité des deux méthodes

Rejettera-t-il la méthode des anciens ? Nullement ; car une telle exclusion n'est pas conforme à sa méthode, qui tend à tout conserver en conciliant les choses qui paraissent contraires.

Il examine les critiques dont le syllogisme est l'objet et il les critique à son tour. Bacon et Locke reprochent au syllogisme de ne porter que sur des mots. Nous partons des mots, signes des idées, lesquelles sont signes des choses, et déduisons toutes les conséquences qui peuvent naître de leur rapprochement. En cela, nous tournons le dos de plus en plus à la réalité.

A cette critique Leibniz répond, que le vice que l'on reproche au syllogisme n'est pas impliqué dans la méthode aristotélicienne. Sans doute, les concepts et les mots ne représentent pas exactement les choses, mais c'est à nous de faire qu'ils les représentent mieux. Remédions à cette imperfection, qui n'est pas un vice rédhibitoire. D'ailleurs, c'est un fait que, quand nous observons bien les règles du syllogisme, nous arrivons à constituer des raisonnements valables : Aristote a raisonné avec une rigueur mathématique dans l'établissement de sa théorie du syllogisme. On peut donc arriver à des résultats inattaquables, mais il est nécessaire de partir de bonnes définitions et de bien appliquer les règles du syllogisme. Les scolastiques eux-mêmes ont raisonné d'une façon beaucoup plus serrée que les modernes qui, persuadés qu'en dehors de l'algèbre il n'y a pas de raisonnements rigoureux, s'abandonnent aux hasards de la logique instinctive.

Mais on fait au syllogisme un reproche plus grave. Le syllogisme, dit-on, ne fait faire aucun progrès à la pensée, il est stérile. Puisque la conclusion doit être contenue dans les prémisses, elle n'apporte à l'esprit aucune connaissance nouvelle. Le syllogisme peut donc être utile pour enseigner la vérité et la démontrer, mais non pour la découvrir. — Cette critique tombe, dit Leibniz, si l'on se fait du rapport du général au particulier une idée exacte. Elle serait fondée, si entre le particulier et le général il y avait un rapport purement analytique, c'est-à-dire si le particulier était au général comme le tout est à la partie. Mais il n'en est pas ainsi. Dans l'individu il y a un *nescio quid* que l'on ne peut pas déduire de la généralité indéterminée du type. On ne peut savoir à l'aide du seul principe de contradiction quelles espèces d'un genre ont été réalisées par le Créateur. Ainsi, de la connaissance du général à celle du particulier qui en dépend il y a progrès : de la connaissance du possible on passe à celle du réel. De plus (et c'est au fond la même chose), le syllogisme fait passer une connaissance de la pensée inconsciente à la pensée consciente : ce qui n'était que sentiment devient idée distincte.

Mais on va plus loin et l'on dit : ou le syllogisme est un cercle vicieux, ou il suppose, relativement à la nature des Universaux, cette doctrine insoutenable qu'on nomme le réalisme. Comment puis-je poser une loi générale avant de connaître les phénomènes particuliers qui la manifestent ? Il faudrait que la loi, le genre, le type, fussent des entités métaphysiques connues *a priori* par intuition. — Mais ces entités n'existent pas. Mais le réalisme n'est pas admissible. Dès lors la majeure est une proposition collective, qui, entre autres propositions particulières, comprend celle qu'on énonce sous le nom de conclusion. La vérité de la majeure implique donc celle de la conclusion : le cercle vicieux est manifeste.

Telle est l'alternative : ou réalisme, ou cercle vicieux.

Leibniz pense que la théorie du syllogisme échappe encore à cette critique. Entre les deux termes du dilemme il y a, dit-il, un intermédiaire. Le général n'est ni une *chose,* ni une *collection,* mais une possibilité indéfinie de ressemblance. Quand je dis : tout homme est un animal, cela veut dire : soit que tu considères Titius, ou Caïus, ou tel homme que tu voudras, tu trouveras nécessairement que chacun d'eux est un animal. Ainsi entre le tout un et le tout collectif, Leibniz place le tout distributif. En d'autres termes, il intercale la *loi,* comme possibilité de ressemblance, entre le type et l'individu. Grâce à cette conception du général, le syllogisme cesse d'être un cercle vicieux, et il ne suppose pourtant point le réalisme. Ce que l'esprit pose *a priori,* c'est une formule vide de contenu ; les cas individuels auxquels le syllogisme doit appliquer cette formule sont fournis par l'expérience.

Ainsi le syllogisme, bien compris, ne mérite pas tous les reproches qu'on lui fait. Il peut subsister en face de l'analyse des modernes.

III.

Mais il ne suffit pas de constater que l'esprit humain est en possession de deux méthodes, bonnes l'une et l'autre : il faut chercher quel est le rapport de ces méthodes entre elles.

On sait que les modernes répudient le syllogisme. Il y a donc entre les deux méthodes incompatibilité au moins apparente.

L'analyse, en effet, exige une matière parfaitement homogène ; elle suppose que toutes les choses de l'univers sont des modifications de l'étendue, des quantités. Le syllogisme, au contraire, implique le point de vue de la qualité, de l'hétérogénéité. L'objet du syllogisme est de fonder un rapport de sujet à prédicat, d'engendrer une proposition. Or, une proposition, où une qualité est déclarée appartenir à un sujet, est tout autre chose qu'une égalité algébrique. Le prédicat est contenu dans le sujet d'une certaine manière, difficile à déterminer, mais le signe = ne peut pas être mis entre le sujet et le prédicat. Dirons-nous donc que le syllogisme convient au raisonnement qui porte sur des qualités, tandis que l'analyse est la forme du raisonnement qui porte sur des quantités ?

Leibniz ne peut se contenter d'une telle solution. Comment,

se demande-t-il, doit-on concevoir le rapport de la quantité et de la qualité ? Ici nous abordons son système propre.

A vrai dire, il ne l'a qu'ébauché, de son aveu même. En voici, du moins, les idées directrices.

L'analyse et la logique sont deux méthodes essentiellement différentes, si on les considère sous leur forme actuelle : peut-être en est-il autrement si on remonte à leurs principes. Les Anciens ont soupçonné cette communauté d'origine. Ils appelaient μάθησις la science en général dont, pour eux, les mathématiques n'étaient qu'un cas particulier. Déjà les Pythagoriciens représentaient les choses par des nombres : mais il n'y avait là qu'une sorte de pressentiment de la parenté qui doit exister entre la qualité et la quantité. Au moyen-âge, Raymond Lulle a imaginé une mécanique des concepts : il décompose l'être en sujets, en attributs et en modes qu'il combine mécaniquement de toutes les manières possibles. Mais ses décompositions sont très sommaires et présentent comme simples des termes tels que *homo, virtus, veritas, gloria*.

Descartes a, le premier, conçu scientifiquement une extension des mathématiques à des objets autres que ceux que considèrent les mathématiciens. Il rêve la création d'une mathématique universelle traitant de l'ordre et de la mesure en général, et non pas seulement à propos du nombre, ou des figures, ou des astres. Il cherche, en somme, à saisir et analyser la *forme* mathématique, séparée de tout objet quelconque auquel elle est susceptible d'être appliquée. Ce que Descartes se propose, c'est une généralisation des mathématiques. Leibniz combine l'idée de Descartes avec la conviction qu'il s'est faite de la valeur du syllogisme. Et il se demande s'il ne faut pas admettre l'existence, non pas précisément d'une mathématique universelle, mais plutôt d'une mathématique métaphysique.

La logique d'Aristote n'est pas cette mathématique ; mais elle peut nous aider à la découvrir. Elle traite les qualités comme telles et non pas comme des modes de la quantité. Et pourtant elle comporte des démonstrations parfaitement rigoureuses et vraiment mathématiques, témoin les démonstrations d'Aristote relatives à la théorie du syllogisme, et encore les démonstrations des jurisconsultes. Dans quel cas les démonstrations sont-elles valables, dans quel cas ne le sont-elles pas ? Elles sont valables, lorsque les concepts qui en sont la matière sont exacts, c'est-à-dire simples ou scientifiquement formés de concepts simples. Elles sont sujettes à l'erreur, lorsqu'elles portent sur des concepts complexes dont les éléments sont mal déterminés. C'est de la complexité confuse des concepts que viennent l'incertitude et le caractère abstrait de la méthode aristotélicienne. — Ne pourrait-il pas y avoir pour toutes les qualités, se demande Leibniz, des concepts simples, analogues à ceux de la quantité qu'emploient les mathématiciens ?

Qu'est-ce, en effet, que la vérité, sinon l'intelligibilité d'une proposition ou la possibilité de la démontrer ? Or, démontrer une proposition, c'est montrer que le prédicat est contenu dans le sujet. *In omni veritate requisita prædicati continentur in requisitis subjecti*, Erdm. 87a. Mais la démonstration est sans terme et irréalisable, si l'on ne peut arriver à des notions premières. Leibniz applique ici la maxime aristotélicienne : ἀνάγκη στῆναι. Il pense que la démonstration exige un premier commencement et que, s'il y a de la vérité dans l'ordre métaphysique, c'est qu'il y a des notions premières, qu'il est possible d'assigner. S'il y avait de telles notions, représentant des réalités simples et identiques, ces notions pourraient légitimement être représentées par des symboles. Il y aurait alors un alphabet de la quantité, un ensemble de notations dont les combinaisons pourraient représenter toutes nos pensées. Et entre ces symboles, le rapport ne serait plus exprimé par la copule *est*, non plus que le signe =, mais par un signe dont le sens serait : *eadem* ou *coïncidentia* (congruence) et auquel Leibniz donne la forme suivante ∞.

Tels sont les éléments de la logique mathématique. Etant donnés ces éléments, on pourrait les mettre en formules et transmuter ces formules par le calcul. Cette transmutation des concepts n'est pas possible ou n'est pas légitime actuellement, parce que les concepts ne sont pas exacts ; mais, étant donnés des concepts exacts, le calcul dont ils seraient la matière serait aussi infaillible que le calcul actuel des mathématiciens.

Les Cartésiens admettent que la quantité homogène est un principe absolument premier. Leibniz, lui, croit que l'hétérogène est au-dessus de l'homogène, et qu'en même temps il comporte l'exactitude et la relation mathématique. Il y a, selon lui, un calcul de l'hétérogène dont nos mathématiques ne sont qu'un cas particulier, comme l'égalité n'est qu'un cas cas particulier de l'inégalité.

IV.

Quelle est la portée de ce calcul que Leibniz appelle *philosophique ?* Leibniz admet qu'il peut, en principe, s'appliquer à tout. Celui des modernes ne se rapporte qu'au général ; le côté individuel et interne des êtres échappe au mathématicien cartésien. Grâce à un nouveau calcul, on pourra avancer de plus en plus dans la connaissance des choses ; on pourra de plus en plus soumettre au calcul le monde moral comme le monde physique.

Est-ce à dire que nous pourrons tout connaître de la même manière que nous savons que 2 + 2 = 4 ? Nullement ; car il y a deux sortes de vérités : les vérités de raisonnement et les vérités de fait. Les premières sont exactement connaissables ; les secondes ne le sont pas, pour l'homme du moins.

Les vérités de fait doivent être analysables comme les vérités de raisonnement. Nous pouvons, de toute proposition vraie, affirmer que le prédicat y est contenu dans le sujet. Mais l'analyse d'une vérité de fait ne peut être achevée. Dieu seul voit non par analyse, mais par intuition, le rapport du prédicat au sujet dans une proposition portant sur une réalité contingente. Leibniz entend par là qu'une vérité de raisonnement dépend de principes qu'il est en notre pouvoir de connaître, tandis qu'une vérité de fait dépend immédiatement de Dieu, et encore, qu'une vérité de raisonnement ne dépend que de l'entendement de Dieu, tandis qu'une vérité de fait dépend de son entendement en tant qu'uni à sa volonté. On peut comparer la vérité de raisonnement à un angle dont le sommet nous est accessible et la vérité de fait à deux asymptotes qui ne se rencontrent que dans l'infini. Il suit de là que le calcul philosophique lui-même ne pourra résoudre l'individu en concepts, mais approchera seulement indéfiniment de cette résolution. Pour Dieu seul l'individuel est entièrement déterminé.

V.

Quelle est la valeur de cette nouvelle méthode ?

Descartes s'est proposé d'étendre le plus possible la portée des mathématiques. Pour y réussir, il a ramené la qualité à la quantité dans le monde extérieur. Quant au monde intérieur, il l'a conçu d'une manière analogue. Tout s'y réduit à des modes d'une substance une : la pensée. La liberté, toutefois, rompt chez lui le parallélisme de l'âme et du corps. — Malebranche, poussant plus avant que Descartes la direction mécaniste, ne nous laisse connaître directement que l'*existence* de l'âme ; quant à ses *qualités*, il veut que nous les déterminions par comparaison avec celles du corps, lesquelles se ramènent expressément à des déterminations de l'étendue et du mouvement. — Leibniz suit une direction toute différente. Il admet bien que les qualités sensibles se ramènent à des déterminations mathématiques ; mais ces déterminations ne sont pas le fond des choses. L'homogène mathématique n'est encore qu'une possibilité et une abstraction;

le fond de l'être est un monde de qualités, non plus sensibles, mais métaphysiques. Au-delà du monde des mouvements et des figures, il place le monde de l'activité. Or, pour reconnaître mathématiquement ce dernier, les mathématiques communes ne suffisent pas. Leibniz se met donc à la recherche d'une méthode plus profonde que la mathématique du nombre et de l'homogène. Il fait de la quantité un mode de la qualité métaphysique. Sous le nom de calcul philosophique, il institue une mathématique des concepts, source commune des mathématiques ordinaires et de l'ancienne syllogistique. Mais ce n'est pas tout. Cette mathématique elle-même n'atteint pas au fond des choses réelles, car elle ne peut qu'approcher indéfiniment de la démonstration des vérités *contingentes*, sans jamais la réaliser complètement. Il faut donc concevoir l'existence de deux degrés de science supérieurs à la mathématique commune. Au-dessus de cette mathématique, il y a le calcul philosophique, et, au-dessus du calcul philosophique, l'intuition divine.

Quelle est la signification de cette conception de Leibniz ?

Cette théorie n'est pas exclusivement, comme il semble, une démonstration de la puissance de la méthode mathématique. D'abord, Leibniz établit l'impuissance des mathématiques communes à expliquer l'individualité qui est l'essence de l'être réel. Ensuite, le calcul philosophique qu'il rêve et qu'il n'a pu véritablement constituer, ne peut lui-même qu'approcher de cette explication. L'individuel n'est pleinement compris qu'en Dieu. Qu'est-ce à dire, sinon qu'il y a, pour nous du moins, des synthèses irréductibles. Leibniz affirme, à la fois la possibilité d'approcher toujours davantage de la réduction, et l'impossibilité de la réaliser entièrement.

De fait, c'est surtout ce second point qui est apparu comme démontré ; et, après le Leibnizianisme, nous voyons se développer une philosophie de la synthèse.

Cette philosophie fut expérimentale avec Hume, métaphysique avec Kant. Ces deux philosophes s'élevèrent contre l'emploi de la mathématique en philosophie et la renvoyèrent à l'étude exclusive de l'étendue, du nombre et du possible. Telle fut la conséquence de l'ambition excessive qu'avait manifestée l'esprit mathématique.

Ce verdict de Hume et de Kant, toutefois, est-il définitif ? On ne saurait l'affirmer, d'autant que la tentative d'expliquer mathématiquement le côté interne de l'être a été de nos jours souvent renouvelée.

En général, c'est la méthode cartésienne qui a prévalu. On a essayé d'exprimer les réalités psychiques en fonction de l'étendue et du mouvement. Mais on n'arrive ainsi qu'à établir un parallélisme entre l'esprit et la matière ; on n'approfondit pas l'essence même de l'esprit. Pour arriver à l'explication directe de la pensée et de l'activité, il semble qu'il faudrait poursuivre la voie ouverte par Leibniz, à savoir inventer des symboles spéciaux, mieux adaptés à la représentation de l'esprit que ne peuvent l'être les symboles de la mathématique de l'espace et du nombre.

La science se constitue par un triple travail : 1° l'esprit crée des symboles, par exemple les nombres et notations algébriques ; ce sont les *tractabiles characteres* dont parle Leibniz, c'est-à-dire les types de l'intelligibilité ; 2° L'esprit observe les choses, la nature donnée ; 3° Il cherche à ramener les faits aux symboles. Ces trois opérations réagissent d'ailleurs les unes sur les autres.

Leibniz a surtout cherché des symboles. Il se préoccupe avant tout de l'idéal de la science ; il détermine les conditions de l'intelligibilité des choses. Quoique ses théories soient restées inachevées et paraissent peu pratiques, il ne faut pas se hâter de les condamner. Quand les Pythagoriciens s'amusaient à chercher les propriétés des nombres, qui pouvait prévoir que ces jeux d'esprit expliqueraient un jour scientifiquement la nature et la formation de l'univers ?

CHAPITRE IX

LEIBNIZ

Critique du mécanisme

Nous avons vu, dans notre dernière leçon, comment Leibniz a conçu le principe du Calcul Philosophique. Il se propose de trouver les éléments d'un calcul approprié à la qualité et de constituer une mathématique, non plus de l'imagination, mais de l'entendement ; il veut même atteindre à quelque chose de plus subtil et de plus étrange encore, à une mathématique de la volonté où le contingent serait entendu comme entièrement déterminé. Cette tentative a certainemen des rapports très étroits avec sa philosophie : il s'est occupé toute sa vie du calcul philosophique et, quand il en donne des exemples, c'est dans son propre système qu'il les puise. C'est ainsi qu'il croit que ses doctrines sur la substance, ses monades et son harmonie, nous présentent quelques-unes de ces notions simples qui peuvent fournir le point de départ du calcul philosophique.

Mais, ce calcul, cette méthode, n'est que la forme de la science : étudions-en maintenant la matière.

Il faut renoncer à classer avec précision le détail des doctrines de Leibniz ; sa pensée est trop vivante et trop libre pour suivre la ligne droite de la géométrie vulgaire. Cependant il y a un ordre général qu'il préconise, et qu'il est bon d'avoir présent à l'esprit, lorsqu'on veut exposer l'ensemble de sa philosophie. Cet ordre est le suivant :

1° Philosophie du Corps ou Physique ;

2° Philosophie de l'Esprit ou Pneumatologie ;

3° Philosophie Morale et Religieuse.

C'est d'ailleurs à peu près la marche historique de la pensée de Leibniz, telle que nous la montre la succession de ses ouvrages. Il publie d'abord, principalement, des travaux de mathématiques, de mécanique et de physique, et, dans ses travaux philosophiques, il montre comment la physique conduit à la métaphysique. En 1703-1704, il écrit les *Nouveaux Essais* ; enfin, en 1710, il écrit la *Théodicée.*

I.

Comment Leibniz est-il amené à traiter de la Philosophie du Corps, et pourquoi débute-t-il par cette philosophie ? Il le dit, notamment, dans une lettre du 21 mars 1671 au duc de Hanovre, Jean-Frédéric de Brunswick-Lunebourg : il y expose qu'il a étudié la jurisprudence et a été frappé de l'empirisme et de l'incohérence qui y règne. Pour en coordonner les parties et arriver en toute question à une solution d'une caractère scientifique, il faudrait constituer une jurisprudence rationnelle. Or, une telle science suppose une Philosophie de l'Esprit. Il arrive à la même conclusion en ce qui concerne les vérités de la Religion. Ces vérités ne peuvent être bien entendues et démontrées, que si l'on possède une Philosophie de l'Esprit. — Mais peut-on constituer cette Philosophie séparément, isolément ? Non. La condition de la Philosophie de l'Esprit est la Philosophie du Corps ; et la marche logique consiste à s'élever de celle-ci à celle-là.

D'où vient à Leibniz cette idée, et comment l'entend-il ? L'idée d'une Philosophie du Corps, comme condition de la Philosophie de l'Esprit, est très originale et très importante à une époque où le Cartésianisme est dominant. Il y avait, selon Descartes, deux essences premières, concevables indépendamment l'une de l'autre : l'étendue et la pensée ; et la science de celle-ci ne supposait en aucune façon la science de celle-là. Il y a plus : l'âme est connue avant le corps. Suivant Leibniz, au contraire, il faut aller du corps à l'esprit. Ce qui l'amène à établir ce rapport entre la Philosophie du Corps et celle de l'Esprit, c'est l'idée de la continuité des choses et des conditions de la démonstration. Cette idée d'un lien entre toutes choses, d'une analogie universelle, lui fait conclure qu'il ne peut y avoir entre l'étendue et la pensée cette indépendance mutuelle que suppose Descartes. Ne séparons donc pas l'esprit et le corps. — Mais pourquoi aller du corps à l'esprit ? C'est que Leibniz a pour maxime de partir de ce qui est donné, de l'expérience. Or, les phénomènes du corps sont les premiers qui s'offrent au regard de l'esprit.

Telle est donc la marche que doit suivre le philosophe ; il doit aller du sensible à l'intelligible. La Philosophie de l'Esprit doit être dégagée de la Philosophie du Corps.

II.

Mais la Philosophie du Corps ou la Physique existe : c'est la philosophie de Descartes. Descartes, en effet, n'a pas véritablement fondé la Philosophie de l'Esprit, mais il a fondé celle du Corps. Dès lors, pourquoi entreprendre la constitution d'une Philosophie du Corps ? C'est que, selon Leibniz, la physique cartésienne appelle une réforme importante. Le Mécanisme est très solide, mais il est douteux qu'il soit à lui seul la philosophie physique. En effet, il ne s'accorde pas avec les vérités métaphysiques et morales les plus importantes. Le mécanisme exclut du monde l'action de Dieu, la finalité, l'esprit. Le mouvement, dans ce système, est un absolu ; il est conçu par soi, il se suffit à lui-même. Mais c'est limiter Dieu, sinon le nier, que de supposer que quelque chose existe, qui s'entend sans qu'on ait besoin de le rattacher à Dieu.

Ce n'est pas tout. Si nous entrons dans le détail, nous

verrons que le mécanisme ne s'accorde pas avec certains dogmes religieux qu'on doit tenir pour vrais : d'abord, avec le dogme de l'Eucharistie, c'est-à-dire de la transsubstantiation ou de la présence réelle. Le dogme de la transsubstantiation suppose, en effet, une dualité dans la nature corporelle. Les espèces sensibles demeurent ; la substance change : celles-là ont donc une réalité en dehors de celle-ci. Cette opération devient inconcevable si le corps est tout entier dans l'étendue : il faut qu'il demeure ou disparaisse tout entier. Ainsi, le dogme de l'Eucharistie est incompatible avec le mécanisme, quoi qu'en dise Descartes. En second lieu, le dogme de la résurrection des corps devient de même inadmissible, si l'on adopte le Cartésianisme. Le corps n'étant, en effet, suivant Descartes, qu'étendue, il est entièrement dissous après la mort ; comment pourra-t-il alors ressusciter, si ce n'est par pur miracle, par une création absolue, irrationnelle et inconcevable ?

De plus, en ce qui concerne la philosophie, Descartes est amené, par son mécanisme, à creuser un abîme entre l'esprit et le corps. Comment, dès lors, expliquera-t-il l'union de l'âme et du corps, laquelle pourtant est une qualité donnée ? L'explication de cette union est la pierre d'achoppement du Cartésianisme.

Il est donc impossible de s'en tenir à la doctrine de Descartes. Quelle est la raison de cette insuffisance du mécanisme cartésien ? Il est évident que cette raison se trouve dans l'élimination faite par Descartes de tous les principes aristotéliciens et scolastiques : il rejette, en effet, en ce qui concerne l'explication de la nature, le finalisme et toute espèce de principe interne et analogue au principe spirituel. Que faut-il penser de cette rupture absolue avec la physique classique, aristotélicienne ? Est-elle nécessaire ? N'y a-t-il aucun moyen de réconcilier les deux doctrines ?

Leibniz accorde que, sous sa forme scolastique proprement dite, la physique classique est inconciliable avec le Mécanisme. La Scolastique, en effet, enseigne que l'intelligence intervient dans le détail même des phénomènes. Les Scolastiques considèrent le changement qualitatif comme indépendant du changement mécanique : aussi admettent-ils de véritables transmutations substantielles. La matière est un milieu inerte, au sein duquel les formes substantielles se chassent les unes les autres. — Chez Descartes, au contraire, un changement de qualité n'est au fond qu'un changement quantitatif. Tout est, dans l'univers, homogène et continu. Le détail même des phénomènes s'explique par la seule étendue, essence de la matière, sans qu'il y ait jamais lieu de recourir à un principe formel.

Ainsi, il faut renoncer à réintégrer la physique scolastique proprement dite dans la philosophie cartésienne. Mais la physique scolastique est-elle vraiment la physique d'Aristote ? Non. La vraie physique d'Aristote n'isole pas ainsi le changement qualitatif des conditions matérielles. La matière, pour Aristote, n'est pas inerte et indifférente. mais elle tend d'elle-même à réaliser la forme qui agit sur elle. Dès lors, le changement qualitatif n'est plus une métempsychose. La même φύσις demeure dans l'être à travers tous ses changements. La forme, dès lors, domine tous les changements matériels, mais sans jamais rompre, par une action surnaturelle, la suite des états particuliers du corps. L'esprit ne fait pas de miracles ; il produit un ensemble coordonné de mouvements, non tel ou tel mouvement particulier. Or, un tel dynamisme n'est pas incompatible avec le mécanisme cartésien. Il n'y a plus ici de solution de continuité entre l'état antérieur et l'état postérieur d'un corps qui change. On peut concevoir que la suite des phénomènes se produise mécaniquement, tandis que la forme substantielle, du dedans, en gouverne l'ensemble.

Mais il ne suffit pas que la conciliation soit concevable. Leibniz ne se borne pas à juxtaposer les doctrines ; il veut établir un lien de continuité entre elles, il veut montrer comment l'une conduit à l'autre. Une philosophie composée de parties non contradictoires entre elles n'est qu'un possible. Seule une philosophie liée et harmonieuse est une *réalité*.

Ainsi donc, notre étude n'est pas commencée, lorsque nous montrons que les deux doctrines ne sont pas inconciliables. Il reste à rechercher quel est le lien qui les unit et si l'on peut dériver l'une de l'autre,

III.

Pour découvrir ce lien, Leibniz va analyser le mécanisme cartésien, l'approfondir, en rechercher les conditions, se demander s'il se suffit ou s'il ne suppose pas un principe distinct de l'étendue et analogue au principe fondamental de la physique d'Aristote.

Essayons de nous faire une idée du point de vue auquel se place Leibniz. Il consiste dans l'emploi de deux principes propres à ce philosophe :

1° Le principe de continuité ; 2° le principe de raison suffisante.

1° Principe de continuité.— Leibniz en a donné plusieurs explications: elles se ramènent à dire que, si l'on sait trouver les intermédiaires convenables, les choses les plus opposées en apparence formeront une chaîne pour l'esprit ; il n'est pas de différence qui ne puisse être diminuée au-delà de toute quantité assignable. Ainsi, le repos n'est qu'un mouvement infiniment lent ; l'égalité n'est qu'une inégalité infiniment petite .

2° Principe de raison suffisante.— Ce principe est l'idée d'une explication des choses véritablement complète et absolue. Aristote a dit : « Il n'y a de science que du général. » Mais le général, c'est l'abstrait. Toute chose réelle est individuelle. Et nul artifice ne peut du général tirer l'explication complète de l'individuel. Le général, ce n'est jamais que le possible. Si donc on veut expliquer les choses dans leur détermination individuelle et leur existence véritable, il faut faire appel à d'autres causes que les causes générales. Platon a eu l'intuition du principe de raison suffisante, lorsqu'il a fait dire à Socrate : « Si je reste assis dans la prison attendant la coupe fatale, ce n'est pas parce que j'ai des os, des tendons et des muscles qui peuvent se plier comme il faut pour être assis, car mes membres peuvent tout aussi bien sortir de la prison. C'est parce que mon esprit a jugé qu'il est plus digne de Socrate d'obéir aux lois de la patrie ». C'est dans des causes morales ou finales que se trouvera l'explication de l'individualité, c'est-à-dire l'intelligence de la détermination complète des choses.

Le point de vue de Leibniz peut être caractérisé avec plus de précision en disant qu'il admet les deux idées directrices suivantes : *a*) L'idée de *l'infini* comme caractérisant la réalité donnée. Il y a partout de l'infini dans l'œuvre du Dieu infini. Tout est organisé, tout vit ; jamais, en décomposant les êtres, on n'arrive à quelque chose de brut et de fini. L'infini est la marque de l'être concret et véritable. Ce qui n'est pas infini n'est qu'abstraction et mutilation de la réalité. — *b*) L'idée de *l'unité*. L'existence est infinité et en même temps unité. Substance et unité sont termes réciproques. Les composés n'existent pas en tant que composés, mais en tant qu'ils reposent sur des substances simples, lesquelles seules existent véritablement.

Si nous y regardons de près, ces deux principes se contredisent. Comment un infini peut-il être un ? Comment une unité peut-elle être infinie ? Partons de l'un et additionnons-le à lui-même : jamais nous n'obtiendrons l'infini. Décomposons l'infini : jamais nous n'arriverons à l'un, dont la répétition ne pourrait engendrer qu'une grandeur finie. Je tiens pour l'*infini* actuel, disait Leibniz : voilà le point de départ de sa philosophie. Il faut expliquer comment une telle nature est possible. L'explication de l'existence est à ce prix. Quel doit être le fond des êtres pour qu'ils puissent être uns et infinis ?

IV.

Les êtres ne peuvent consister dans les qualités qui tombent sous nos sens. Descartes l'a bien montré, et il a justement fait reposer ces qualités sur l'étendue mathématique. Mais il s'est arrêté là, et il a professé que l'étendue est la substance des corps. Examinons si l'étendue est bien le fond de la réalité sensible.

Existence, c'est unité. Trouverons-nous l'unité dans l'étendue? Il y a deux manières de concevoir l'étendue: 1° On peut concevoir l'étendue à la manière des Atomistes et dire qu'elle est composée de petits corps insécables, d'atomes.— Mais on n'arrive point ainsi à l'unité que l'on cherche. Il n'y a pas de différence d'essence entre l'atome et le corps ; l'atome est encore étendu, partant composé; 2° On peut concevoir l'étendue comme un composé de points mathématiques. Le point mathématique est véritablement *un*, et l'être qu'il constituera satisfera à la condition d'unité. Mais le point mathématique n'a pas d'existence. Il n'est pas *réel.* C'est qu'en lui il n'y a pas d'infini. Il est absolument vide de tout contenu, de toute matière. Deux points mathématiques sont absolument discontinus, l'un par rapport à l'autre, et ne peuvent former qu'un nombre fini et abstrait, non ce nombre infini qui constitue l'être. Le point mathématique manque à la première des deux conditions que nous avons posées. Qu'est-ce donc qui fait la réalité de l'étendue ?

Leibniz, dans cette recherche du principe de l'être, part des faits. Or, un fait le met sur la voie de la solution du problème. Ce fait, c'est l'existence du *mouvement*. Les Cartésiens ramènent le mouvement à l'étendue. N'est-ce pas l'inverse qu'il faut faire ? L'étendue n'est pas la raison du mouvement, car elle n'en contient pas la raison suffisante. On ne peut, partant de l'étendue, expliquer les déterminations particulières du mouvement existant. L'étendue est, à l'égard de tous les mouvements possibles, dans un état d'indifférence d'équilibre. Leibniz se demande donc s'il ne conviendrait pas de renverser les termes. L'étendue n'explique pas le mouvement ; mais est-ce que le mouvement n'expliquerait pas l'étendue ? L'étendue, c'est le repos, et le repos ne peut être considéré comme donnant naissance au mouvement. Mais pour que le mouvement explique le repos, il suffit de considérer l'immobilité comme un mouvement plus lent que tout mouvement donné. Le repos devient ainsi un cas particulier du mouvement. Le mouvement peut expliquer l'étendue, et dans son essence générale et dans ses déterminations, tandis que l'étendue ne pouvait expliquer du mouvement que la possibilité abstraite. L'étendue n'est que le phénomène du mouvement ; elle est au fond un corps qui s'étend, une action, une *extension*, une répétition. Le mouvement, plus que l'étendue, mérite le nom d'essence des corps. En est-il la substance véritable ?

Le mouvement satisfait-il aux conditions de la substantialité ? Y a-t-il en lui unité réelle ? — Il y a, du mouvement, deux conceptions possibles : 1° Un mouvement donné est composé de petits mouvements qui se succèdent les uns aux autres. Mais ces petits mouvements, si courts qu'on les suppose, sont identiques en essence au mouvement qu'il s'agit d'expliquer. Ils se font encore d'un point A à un point B. Ils restent divisibles. Dira-t-on que le mouvement se compose de repos, comme pour Zénon d'Elée ? Alors une somme de repos ne peut faire un mouvement véritable.

Le mouvement n'a donc pas en lui son unité, son principe d'existence ? Où sera ce principe ? — N'y a-t-il pas quelque chose qui domine le mouvement et qui en assure la réalité ? Ici encore, considérons les faits. Si l'étendue n'a pu expliquer le mouvement considéré dans sa détermination donnée, il y a, d'une manière analogue, un fait qui ne s'explique pas par le mouvement, c'est la *résistance*. Si le mouvement était quelque chose d'absolu, lorsqu'un corps en mouvement en rencontre un autre à l'état de repos, les deux corps devraient se mouvoir avec la vitesse du premier : mais il n'en est pas ainsi ; il y a une *résistance*. De là vient, en dernière analyse, que la loi de la conservation du mouvement donnée par Descartes est inexacte. Ce n'est pas la quantité de mouvement qui se conserve, mais la quantité de force vive ; la formule n'est pas mv, mais mv^2. (Il est à remarquer que ni Descartes ni Leibniz n'ont eu sur ce point des idées claires et exactes). C'est encore la résistance qui nous permet de dire si, lorsque deux corps se rapprochent l'un de l'autre, ils sont tous deux en mouvement, ou si un seul se meut, et lequel. Le mouvement a donc sa réalité dans quelque chose de supérieur à lui. Cette condition, qui n'est pas un élément, mais un principe distinct et en quelque sorte transcendant, ce *réquisit* est la *force*, dont la résistance est l'expression. La force n'est plus imaginable, mais concevable et intelligible : elle est un concept métaphysique. Elle est cette unité qui fonde la réalité du mouvement, lequel fonde la réalité de l'étendue.

Qu'est-ce maintenant que la force et nous offre-t-elle le premier principe de l'être ?

Malebranche a bien vu que le mécanisme pur ne se suffit pas et qu'il faut faire intervenir la force. Mais il la place en Dieu et tient la créature pour entièrement passive. Mais, s'il en est ainsi, le monde ne se compose pas d'individus et de vivants. Dieu seul a une existence propre. La force doit appartenir aux êtres de l'univers ; elle doit être en eux. Que sera-t-elle ?

Le Spinozisme place au sein même de la nature la force et la causalité. Car la substance de Spinoza, cause productrice de tout, ne fait qu'un avec la nature. Leibniz va-t-il donc se rallier au Spinozisme ? Nullement. Le Spinozisme explique bien l'unité, mais il n'explique pas l'infini et le continu tels que les entend Leibniz. Le continu de Leibniz est une liaison entre des individus réels, distincts et véritablement multiples. Il n'exclut pas, il implique la distinction des êtres. Or le Spinozisme est l'Eléatisme moderne. Il n'admet qu'un être, et il ne voit qu'apparence et illusion dans la variété, la richesse, la vie et la beauté des choses de la nature. Cette multiplicité individuelle existe toutefois, selon Leibniz, et elle ne sera expliquée que si l'on admet une infinité de forces. Ce n'est pas un nombre, à proprement parler, car on ne peut compter que les choses discontinues, étendues, imaginables. C'est un nombre infini ou plutôt une multitude innombrable.

Ainsi, au-dessus des qualités sensibles il y a l'étendue, au-dessus de l'étendue le mouvement ; et, au-dessus du mouvement, la force, multipliée à l'infini. C'est dans la multitude des forces que réside la réalité de la nature.

V.

Telle est la conciliation que Leibniz établit entre Descartes et Aristote. Il ne juxtapose pas les deux doctrines, comme ferait, par exemple, celui qui dirait que Descartes explique certains phénomènes et qu'Aristote en explique certains autres. Il dégage le principe formel du principe matériel et fait de l'un le fondement de l'autre. Tout est étendue, tout est mouvement : mais ces phénomènes reposent sur *l'effort* qui est quelque chose de métaphysique.

Leibniz estime que sa doctrine ouvre la voie à une réconciliation de la physique avec la morale, la religion et la théologie. Il y a dès maintenant dans le corps même, dans l'être naturel, quelque chose d'analogue à l'esprit et au divin. Ce que Malebranche réservait à Dieu, Leibniz le fait descendre dans la nature. La force est déjà un principe de causalité ; c'est aussi un principe de finalité, car la force vivante et active a nécessairement une direction, c'est-à-dire un but. Or, en ce qui concerne la théologie, Leibniz pourra désormais expliquer la transsubstantiation par l'omniprésence du Christ substantiel sous une infinité d'espèces étendues, différentes les unes des autres. De même, la résurrection des corps est concevable, du moment où sous le corps visible et décomposable se cache un corps substantiel et éternel, tendant toujours à se développer de nouveau et à revêtir de nouveau un corps visible, si les conditions de ce développement sont de nouveau réalisées. Utile en théologie, cette doctrine sert aussi et surtout le dessein de Leibniz. Elle fonde la philosophie de l'esprit sur la philosophie du corps, puisqu'elle montre comment le corps ne s'explique que par un principe incorporel. La connaissance du corps est ainsi l'introduction naturelle et nécessaire à la connaissance de l'esprit, et le Cartésianisme devient « l'antichambre de la vérité ».

VI.

Que faut-il penser de cette doctrine ? La méthode de Leibniz diffère grandement de la méthode cartésienne. Leibniz part des mathématiques, mais pour s'engager tout de suite dans la métaphysique. La *force,* sur laquelle il fonde la réalité du mouvement, est, selon sa propre expression, une substance incorporelle analogue à notre âme. Leibniz n'a-t-il donc fait qu'une œuvre bâtarde ? A-t-il simplement réintroduit dans la science les qualités que Descartes en avait bannies ? — Une telle appréciation ne serait pas exacte. Le principe métaphysique est expressément *superposé* au principe mathématique. Tout, dans le détail des phénomènes, se passe mécaniquement, et c'est l'ensemble qui est régi par la force comme substance incorporelle. Leibniz ne confond pas la métaphysique et la science. A celle-ci, il accorde les causes secondes : à celle-là, il réserve les causes premières, lesquelles, selon lui, ne sont pas les premiers anneaux des chaînes de phénomènes, mais des principes transcendants, analogues au dieu d'Aristote. Selon lui, il est donc nécessaire de s'élever au-dessus des phénomènes pour en expliquer et en fonder la réalité.

Mais voici la réflexion que peut nous suggérer cette doctrine. Leibniz se propose de tirer des mathématiques la démonstration de certaines vérités métaphysiques. Cette préoccupation ne risque-t-elle pas de nuire à ses recherches scientifiques ? Aura-t-il toujours l'impartialité, la rigueur de raisonnement, le soin minutieux du détail qu'on attend du savant ? Et, d'autre part, comme métaphysicien, a-t-il une pleine liberté d'esprit ? Nous le voyons préoccupé de démontrer la possibilité de la transsubstantiation et de la résurrection des corps. Nous le voyons philosopher pour fonder la jurisprudence, la morale et la religion rationnelles. N'est-il pas à craindre que sa dialectique ne soit plus complaisante que sévère ?

Sa manière de philosopher rappelle la méthode scolastique. Mais le moyen-âge cherchait à ramener les dogmes à la raison. Leibniz, lui, cherche à les expliquer par la science de son temps. Il serait donc un scolastique cartésien. Toutefois, cette définition ne serait pas exacte. Il veut démontrer les vérités morales et religieuses ; mais peut-être les résultats auxquels il est arrivé paraîtront-ils assez différents de ceux qu'il avait d'abord en vue. La méthode, sans doute, a réagi sur l'énoncé des questions. C'est que la méthode, en philosophie, est la chose essentielle. Toute méthode nouvelle est d'abord employée à démontrer les dogmes reçus. Mais bientôt on s'aperçoit que le dogme est réfractaire à la démonstration qu'on en donne, et la méthode nouvelle conduit peu à peu à une nouvelle doctrine. C'est en général de cette façon que s'opèrent les révolutions de l'esprit humain.

CHAPITRE X

LEIBNIZ

La Substance

Il y a une grande différence entre l'objet que s'est proposé Descartes et celui que se propose Leibniz. Descartes est surtout un savant : il cherche l'essence intelligible des choses, celle qui peut fournir le principe des raisonnements scientifiques. Leibniz, lui, cherche ce qui fait que les choses existent : il part de cette vérité de sens commun que le monde existe et il cherche le fond intelligible de cette existence. Son investigation n'est pas celle du physicien ; il cherche, non quel est le phénomène général qui se retrouve dans tous les phénomènes donnés, mais quel est le principe qui peut rendre compte métaphysiquement de la réalité des choses.

Les choses existantes présentent deux caractères essentiels : l'unité et l'infini. Or ces deux caractères paraissent incompatibles : l'un et l'infini semblent s'exclure ; il s'agit de comprendre leur coexistence, de trouver le principe de leur liaison. Ainsi se présente, chez Leibniz, le problème de la substance.

Où doit-on placer la substance que nous cherchons ?

1. Descartes s'est arrêté à l'étendue. Il a bien vu que les qualités sensibles ne sont que l'écorce de l'être et que l'étendue en est la base. Mais l'étendue est-elle la substance même des choses extérieures ? Fournit-elle le principe d'une unité et d'une infinité véritables et de la conciliation de ces deux caractères ? En aucune façon. L'un étendu est une chimère.

Ni l'atome de Démocrite, qui demeure divisible, ni le point mathématique, qui est un, mais n'a aucune réalité, ne répondent aux conditions requises. Là manque l'unité, ici l'infini. Sur le terrain de l'étendue, l'un et l'infini ne se rejoignent pas. Additionnez l'unité avec elle-même, vous n'obtiendrez jamais l'infini. D'autre part, divisez une étendue donnée, vous n'obtiendrez pas l'unité. De cette impossibilité de concevoir l'étendue comme véritablement une et infinie tout ensemble, il résulte que l'étendue est un moment de la réalité, mais n'en est pas le fond. L'étendue est attribut, non sujet et substance.

2. L'étendue suppose un sujet : il faut qu'il y ait sous l'étendue *quelque chose* qui soit étendu. Cherchons *ce qui est* étendu, le *sujet* dont la nature comporte à la fois l'unité et l'infinité. Ce qui est étendu, c'est le mouvement. Le mouvement rend compte des déterminations de l'étendue, tandis que l'étendue ne saurait rendre compte des déterminations du mouvement. Si l'étendue était avant le mouvement, il faudrait la chiquenaude divine pour passer de l'une à l'autre.

Mais le mouvement réalise-t-il la conciliation de l'un et de l'infini ? Non encore ; car l'unité de mouvement serait le repos, lequel, multiplié, demeurerait repos, et la division d'un mouvement donné ne saurait aboutir à un mouvement indivisible. Il nous faut, par conséquent, pénétrer dans l'être plus avant que ne fait la philosophie mécaniste.

3. Sous le mouvement, Leibniz trouve la *force*. Le mouvement est le principe de l'étendue ; la force est le principe du mouvement. Dans la force, l'unité et l'infini sont moins séparés, moins inconciliables pour la raison que dans l'étendue et le mouvement. Cependant la force proprement dite, la force physique, est encore peu intelligible. Si je veux la concevoir comme absolument une, elle se réalise entièrement et s'évanouit dans l'acte ; si je la conçois comme infiniment composée, elle n'a plus de direction déterminée, et devient puissance ou possibilité pure.

4. Sous la force, il faut placer l'*effort*. L'effort est l'intermédiaire entre la possibilité indéterminée de l'action et l'achèvement de l'action. C'est le commencement, l'infiniment petit de l'action. Effort suppose obstacle, lutte contre l'infini des actions contraires, et ainsi l'un et l'infini s'unissent dans l'effort plus intimemen. que dans la force.

Voilà où nous en sommes arrivés dans la précédente leçon en cherchant ce qui constitue la substance des corps. Devons-nous nous arrêter là ? Ce principe est-il absolument premier, intelligible par lui-même ? Nous abordons ici une question fort importante pour la connaissance de la philosophie de Leibniz. Beaucoup d'historiens estiment que Leibniz n'est pas allé plus loin. L'effort, disent-ils, est l'élément commun du corps et de l'âme, et c'est en ramenant à des forces en action ou centres d'effort les corps comme les âmes, que Leibniz explique les rapports de l'âme et du corps, l'action et la réaction qu'ils exercent l'un sur l'autre. Le Dynamisme est une interprétation courante de la philosophie de Leibniz ; l'originalité de ce philosophe consiste, dit-on, à avoir placé l'être dans la force, dans l'effort.

Les interprètes de la pensée de Leibniz qui s'arrêtent à cette explication sont empêchés de mettre Leibniz d'accord avec lui-même. Pourquoi, par exemple, Leibniz dit-il que les monades « n'ont pas de fenêtres », si les êtres sont des forces, agissant les unes sur les autres. La monadologie et l'harmonie préétablie deviennent alors des contradictions, des accessoires gênants dans le système Leibnizien.

Cette interprétation est contraire à l'intention de Leibniz et à l'œuvre qu'il nous a laissée. Le dynamisme n'est pas son dernier mot. Mécanisme est le premier, dynanisme le second : il y en a un troisième, que nous allons chercher.

I.

Pourquoi ne pouvons-nous pas nous en tenir au dynamisme ?

Le principe qui fait la réalité des choses, doit, avons-nous dit, non pas seulement contenir en lui de l'un et du continu, mais encore les contenir d'une façon intelligible. Nous cherchons un principe où les deux éléments, infinité et unité, soient tellement liés l'un à l'autre, que l'esprit puisse passer de celui-ci à celui-là sans faire de saut.

L'effort participe nécessairement de l'un et du multiple. L'un y est représenté par l'action du sujet, l'infini par la résistance de l'obstacle. Ces deux éléments sont indissolublement liés : ôtez l'objet, l'action se perd dans le vide ; ôtez le sujet, et vous ôtez la faculté de l'action. Aussi Maine de Biran dira-t-il que le moi et le non-moi sont unis indissolublement dans l'effort ; mais ces deux éléments n'y sont pas unis intelligiblement. Nous ne comprenons pas comment l'un s'y relie à l'autre. Dans l'effort, en effet, l'obstacle vient d'un objet extérieur et distinct du sujet. Donc l'effort est un principe qui ne se suffit pas à lui-même. Son unité n'enveloppe pas la multiplicité externe, et celle-ci n'enveloppe pas non plus l'unité du sujet. Il y a là deux choses liées dans la réalité, mais qui ne s'impliquent pas pour l'intelligence. Ainsi l'effort n'est pas la substance même des choses : il nous faut soumettre la notion d'effort à une analyse critique analogue à celle que nous avons faite des notions d'étendue, de mouvement et de force. Nous avons vu que l'étendue supposait le mouvement, et qu'à son tour le mouvement suppose quelque chose qui se meut, un être qui exerce une force, c'est-à-dire qui fait effort.

Quel est maintenant le fond de l'effort ? En quoi consiste l'être qui fait effort ?

II.

Pour nous élever des qualités sensibles à l'étendue, au mouvement et à la force, il nous a suffi de faire appel à l'expérience physique. Mais, désormais, nous ne nous adresserons plus à cette expérience. En effet, l'effort, dont nous cherchons maintenant le fondement, appartient au monde des âmes. Nous savons directement par la conscience qu'il est un élément de notre vie intérieure. L'effort, tel que nous le sentons en nous, est bien plus propre à expliquer la réalité des choses que ce semblant d'effort qui se manifeste dans les phénomènes physiques. L'effort des corps, dit Leibniz, est instantané, c'est-à-dire que la réaction d'un corps contre une action qu'il subit, est immédiatement tout ce qu'elle peut être. Le corps, comme tel, n'a point de dedans pour emmagasiner la force. Sa force n'est pas la force de quelque chose : elle est le fond même de la matière. — Telle n'est pas la force de l'âme. L'âme est capable de plaisir, c'est-à-dire qu'elle peut faire la comparaison de l'état où elle était avec l'état où elle entre. Or, pour pouvoir comparer deux états l'un à l'autre, il faut demeurer, et être quelqu'un. Le corps est « *mens momentanea* » ; c'est l'action du sujet percevant sans le sujet lui-même. L'âme est le dedans et le sujet du corps. L'effort psychique renferme toute la réalité de l'effort physique, plus le fond permanent de cet effort.

La notion d'effort est à la fois le terme de la philosophie du corps et le seuil de la philosophie de l'esprit. L'idée d'effort est l'idée de corps à son maximum de distinction, et l'idée d'esprit à son maximum d'enveloppement. L'effort est le moment du progrès de l'être où expire la matière et où naît l'esprit. C'est le point de coïncidence de ces deux natures.

Quelle méthode faut-il suivre pour trouver le sujet de l'effort ? Interrogeons l'expérience, comme nous avons fait jusqu'ici, et voyons si elle ne nous révèle pas quelque nature susceptible d'être conçue comme la substance de l'effort. Seulement, adressons-nous maintenant à l'expérience *intérieure*. Quel est donc le fait fondamental que nous fournit l'expérience intérieure ? Descartes l'a vu : c'est la *pensée*. Leibniz, ici encore, suit tout d'abord Descartes. La pensée résume toutes les données de l'expérience intérieure. Voyons donc si la pensée ne constituerait pas le fond substantiel de l'effort.

On ne peut pas faire résider la substance de l'effort dans la pensée considérée comme faculté de connaître empiriquement le monde extérieur, dans la pensée telle que l'entend Locke. Dans l'expérience, en effet, l'âme est loin de se suffire à elle-même ; elle est toute passive, comme l'a montré Locke ; elle reçoit tout de l'extérieur. Or, nous voulons que le principe possède en lui toutes les conditions de son action.

N'est-ce pas alors la pensée telle que l'entend Descartes ?

La pensée, au sens cartésien du mot, avec ses idées innées, se suffit ; elle a en soi les éléments de ses opérations. Descartes constitue les mathématiques et la science universelle en regardant en lui-même : par l'intuition intellectuelle il trouve dans l'esprit les principes de toute connaissance. Cette pensée pure ne serait-elle pas le principe que nous cherchons ? Non ; car avec cette pensée on ne peut expliquer l'effort. Le principe de Descartes est la pensée parfaitement claire et distincte : mais, si une telle pensée fait le fond de notre âme, l'action n'est qu'une apparence et une illusion : elle est inexplicable. — C'est en ce sens que Spinoza a continué Descartes : Pour Spinoza, le fond de la tendance réside dans la connaissance parfaite. Aussi ne peut-il pas expliquer l'élément contingent des choses : l'action, la liberté, l'erreur, le mouvement. Le Spinozisme explique le côté un et universel, non le côté infini et individuel de la réalité.

La pensée, telle que l'entend Descartes, explique, dans l'effort, la spontanéité, mais non l'obstacle, ou limitation de cette spontanéité.

Ainsi ni l'Empirisme de Locke, ni le Rationalisme de Descartes ne nous fournissent l'explication que nous cherchons. L'effort de l'âme ne peut être ni le rapport d'une capacité aux objets qui doivent la remplir, ni l'action parfaite de la pensée pure.— Mais la pensée n'a-t-elle pas d'autre forme que celles qu'ont considérées les Empiristes ou les Cartésiens ? Entre la passivité pure des uns et l'activité pure de l'autre, n'y a-t-il pas un moyen terme ?

Les mathématiques nous offrent un symbole dont nous pourrons faire notre profit.

Une courbe est représentée, en mathématiques, par une équation formée en rapportant la courbe à un système de coordonnées. Telle équation est relative à tel système de coordonnées ; mais à côté de ce système on peut en concevoir une infinité d'autres. La même courbe peut ainsi être exprimée d'une infinité de façons d'une manière différente. Cette découverte des sciences mathématiques ne pourrait-elle pas nous mettre sur la voie de la doctrine que nous cherchons ? Examinons la manière dont nous voyons les choses. Chaque homme a un système d'idées qui diffèrent des idées des autres. Pourtant, on peut par le raisonnement établir la continuité entre les idées des différents hommes. Ne serait-ce pas que les différentes classes d'êtres, dont l'assemblage forme l'univers, ne sont au fond que comme autant d'ordonnées d'une même courbe ? Chaque être exprime l'univers entier à un certain point de vue ; dès lors il exprime *distinctement* certaines parties des choses, *confusément* les autres parties. Cette faculté d'expression ou de perception ne serait-elle pas le fond de l'effort ? Ce que l'Empirisme et le Rationalisme ne nous ont pas donné, peut-être le trouverons-nous dans l'idée de la perception. Mais il faut distinguer *percevoir* et *apercevoir*. Apercevoir, c'est avoir conscience de percevoir. Percevoir, c'est simplement exprimer, représenter par un équivalent intelligible une multiplicité sensible. *Perceptio est multorum in uno expressio.* Un gland *perçoit, exprime* ou *représente* le chêne qui en sortira. Le mot *percevoir* a ainsi, pour Leibniz, un sens beaucoup plus général que celui qu'on lui attache d'ordinaire. La perception est à son objet comme la perspective est au géométral, ou encore comme l'équation d'une courbe est à cette courbe.

C'est la traduction intelligible d'une chose inintelligible sous sa forme donnée. De la partie distincte d'une perception quelconque on pourrait déduire, par l'analyse de la partie confuse, la connaissance de l'univers entier.

La perception ainsi comprise paraît posséder les qualités requises pour faire le fond et la substance de l'effort. En effet, l'un et l'infini y coexistent d'une manière intelligible. L'unité de la perception consiste dans la réduction en une formule déterminée de toute la multiplicité des choses : l'infini de la perception consiste dans le développement infini dont cette formule est susceptible. Ainsi l'un et l'infini sont ici absolument inséparables l'un de l'autre : il y a liaison immédiate entre ces deux caractères. Voilà la substance que nous cherchons. Leibniz, à partir de 1697 environ, l'appellera *Monade.*

III.

Essayons de déterminer avec plus de précision cette notion de *monade.* En quoi consistent l'un et l'infini qu'elle enveloppe ?

L'unité de la monade n'est pas celle d'un *substrat* inerte, passif et mort, sur lequel s'agiteraient des forces et se succéderaient des qualités. Le progrès de la pensée de Leibniz va constamment de la matière à la vie, de ce qui est inerte et rigide à ce qui agit et pense, des choses aux rapports. Contrairement à la philosophie empirique qui pose les matériaux avant la forme, et fait dériver les lois de la nature des choses, Leibniz veut ramener les matériaux aux rapports, les faits aux lois. On pourrait dire, pour rendre sensible sa méthode par un exemple moderne, que sous l'anatomie il cherche la physiologie, sous l'organe, la fonction. C'est pourquoi l'unité de la monade n'est pas l'unité d'une pierre pensante, mais une unité vivante. (V. *Discours de métaphysique* et *Correspondance avec Arnauld*). « La notion d'un être individuel, dit-il, renferme une fois pour toutes tout ce qui lui arrivera ». L'unité de la monade est donc l'unité d'un rapport, d'une loi, d'une formule mathématique, d'une équation qui exprime, dans un résumé intelligible, tous les points par lesquels passera la courbe. Cette unité est la possibilité de dériver les uns des autres tous les événements qui se succéderont dans le développement d'une monade et d'en faire une chaîne continue aux yeux de la pensée. L'individualité de la monade, c'est la direction une et constante de son développement.

Qu'est-ce maintenant que l'infini de la monade ? Ce n'est rien d'étranger à son unité, car c'est son activité même. Voici quel est le fond de cette activité. Nous avons dit qu'il y avait dans toute perception une partie distincte et une partie confuse. Cette confusion même est le *stimulus* de la puissance qui est au fond de la monade. Son essence est de percevoir : elle tend à étendre de plus en plus le champ de sa perception distincte. Son activité est l'ensemble de ses perceptions confuses en tant qu'elles tendent à devenir distinctes. C'est le total et la manifestation des puissances qui résident en elle à l'état d'enveloppement. Et, comme l'univers que la monade est appelée à représenter est infini, il n'y a pas de terme à son action.

Dès lors, au sein de la monade, il y a continuité et liaison intelligible entre l'un et l'infini. Ces deux caractères se rejoignent enfin et l'esprit va, sans recours à aucun élément sensible, de l'un à l'autre. La monade est donc le sujet que nous cherchons. Elle est le fondement de la réalité de l'univers.

IV.

Sommes-nous donc arrivés au terme de la philosophie régressive où nous nous sommes engagés ? Avec la notion de force nous avons trouvé le principe de la philosophie du corps ou physique ; avec la monade, nous avons posé le principe de la pneumatologie ou philosophie de l'esprit.

Mais comment avons-nous établi ces principes ? Ce n'est pas au sein même de la matière que nous avons trouvé la force : c'est derrière la matière. Et de même, ce n'est pas dans la force et l'effort même que nous avons trouvé la monade ou sujet capable de perception : c'est derrière la force et l'effort. Le substantiel n'est pas au phénoménal comme la partie est au tout, l'élément au composé ; il en est le fondement, la condition d'intelligibilité, le *réquisit.* En divisant un composé donné, on ne peut y trouver la monade qui en est la substance. Le composé n'est pas fait de simple. Cette idée est une idée capitale dans le système de Leibniz. La monade est à la force et celle-ci à la matière comme le dieu d'Aristote est au mouvement. Il suit de là que le phénomène n'a pas été, à proprement parler, *ramené* à la substance. Leibniz a superposé à l'étendue le mouvement, au mouvement la force et ainsi de suite. C'est une série de superpositions, non de résolutions qu'il a effectuées. Il reste donc un problème à résoudre. Quel est le rapport qui existe entre la substance et le phénomène, entre le supérieur et l'inférieur ? Qu'est-ce que ce phénomène qui n'a pas été absorbé dans la substance ? Dans quelle mesure, et en quel sens existe-t-il ? Se réduit-il à une apparence, ou a-t-il quelque degré de réalité ?

La pensée de Leibniz ne s'arrête dans sa marche que quand elle a donné la raison, non-seulement de la nature générale des choses, mais de leurs déterminations réelles. Nous avons donc maintenant deux questions à résoudre :

1° Quel est le rapport de la substance aux phénomènes, ou des corps avec les âmes ? — 2° Quel est le rapport des substances, des monades individuelles et fermées, les unes avec les autres ?

Au-dessus de son Dynamisme Leibniz a établi sa Monadologie. Mais la Monadologie elle-même appelle l'établissement d'une doctrine plus haute.

CHAPITRE XI

LEIBNIZ

L'Harmonie préétablie

I.

Nous avons montré comment Leibniz fonde le mécanisme, le dynamisme et la monadologie ; comment, sous le mécanisme lui-même, en l'approfondissant, il trouve le dynamisme ; comment, enfin, le dynamisme ne se suffisant pas à lui-même, Leibniz en cherche le principe dans la monadologie. Le mouvement n'est que le phénomène de la force ; à son tour, la force n'est que le phénomène de la monade ou centre vivant, sujet de représentation. La monade est caractérisée par ce trait fort remarquable qui se retrouvera dans le *moi* de Fichte ; elle porte en elle-même le double principe de l'action et de la réaction. Elle est *vis activa* ou *entelechia* en même temps que *vis passiva ;* elle est double dans son unité, contenant en soi la force et l'obstacle. Elle se suffit donc : elle agit par elle-même.

Faut-il s'en tenir à la monade dans la recherche du premier principe des choses ?

Nous avons vu dans notre dernière leçon qu'il y a des interprètes de Leibniz qui croient que son principe ultime est la force, et qui voient dans la monadologie une altération du dynamisme. Il nous a semblé que celui-ci, selon Leibniz, est à celle-là ce que l'idée confuse est à l'idée distincte. — D'autres historiens veulent s'arrêter à la monade et trouvent que la monadologie rend inutile la théorie de l'harmonie préétablie. La monadologie, disent-ils, a tout résolu, les corps comme les esprits, en points métaphysiques, en centres de perception analogues à l'esprit humain. Tout est esprit si tout est monade : la matière n'est que de l'esprit éteint. Dès lors, la question des rapports de l'âme et du corps n'existe plus. C'était là un problème tout cartésien, que l'assimilation du corps à l'âme fait évanouir.

Pourtant, c'est un fait que Leibniz insiste sur le problème de la communication des substances matérielle et spirituelle. — On allègue que c'est de sa part virtuosité. Leibniz aime à montrer qu'avec ses principes il peut résoudre tous les problèmes, même ceux que lui-même ne se pose pas. C'est ainsi, par exemple, qu'il se complaît à expliquer, avec sa monadologie, la transsubstantiation des catholiques, à laquelle, apparemment, il ne croit pas.

Que si l'on renonce à ne voir qu'un jeu dans une théorie aussi originale et aussi importante que l'harmonie préétablie, on distingue du moins, dans l'œuvre de Leibniz, deux sortes d'expositions de ses idées : l'une exotérique, l'autre ésotérique. Au point de vue ésotérique, dit-on, il n'y a pas, pour Leibniz, de problème des rapports de l'âme avec le corps, puisque le corps est ramené à l'âme. Mais Leibniz veut propager sa philosophie, la faire accepter de ceux-là mêmes qui sont placés à un point de vue moins central que le sien. Il croit d'ailleurs que l'expression de la vérité comporte des degrés, et qu'une explication des choses, au point de vue des apparences, est non une erreur, mais une vérité relative et enveloppée. Il n'est donc pas étonnant qu'il consente à se placer, au point de vue exotérique, sur le même terrain que ses adversaires, sur le terrain cartésien de la distinction radicale de l'âme et du corps.

Telles sont les deux explications que l'on donne de l'invention du système de l'harmonie préétablie. Elles ne sont pas dénuées de valeur. Quoique l'expression de « virtuose » soit irrévérencieuse quand il s'agit de Leibniz, il faut cependant reconnaître qu'elle tourne en mauvaise part un trait véritable de son esprit. Leibniz a une intelligence souple et déliée, il aime à résoudre les difficultés, à être plus fort que les autres sur leur propre terrain, à faire en métaphysique l'analogue de ce qui alors était la mode en mathématiques. Il se plaît encore à exercer ses facultés à la manière des anciens, qui croyaient que la philosophie, en même temps qu'elle était la chose sérieuse par excellence, était la plus belle gymnastique des facultés intellectuelles. — La distinction de la philosophie de Leibniz en exotérique et ésotérique est juste, elle aussi. Elle est justifiée par bien des textes de Leibniz lui-même. Nous le voyons constamment distinguer les explications relatives et provisoires des explications ultimes et définitives.

Toutefois, nous ne croyons pas pouvoir considérer la théorie de l'harmonie préétablie, soit comme un hors d'œuvre, soit comme une doctrine purement exotérique. Nous savons que Leibniz aimait à s'appeler lui-même « l'auteur de l'harmonie préétablie ». Et, en effet, en dépit des apparences, le problème de la communication de l'âme et du corps se pose dans sa philosophie, et cela à la suite du problème de la substance. Dans un article paru en 1696 dans le *Journal des Savants*, sur *la nature et la communication des substances*, Leibniz dit que, quand il eut établi la notion de la substance, il se crut arrivé au port, mais qu'ayant réfléchi sur la question des rapports de l'âme avec le corps, il se trouva de nouveau rejeté en pleine mer.

Comment cette question peut-elle subsister après l'établissement de la monadologie ?

On dit communément que la monadologie de Leibniz *ramène* le corps à l'âme en en faisant un centre de perception. Mais l'expression *ramener* est incorrecte, et Leibniz n'a pas précisément réduit la matière à n'exister que sous forme de sujet immatériel. Il a, en réalité, *superposé* l'un au multiple. Il compare souvent et à juste titre sa doctrine à la théorie aristotélicienne du premier moteur. Le monde, chez Aristote, ne s'absorbe pas dans le dieu qui le mène : il a une existence distincte. De même, la monade préside à la vie du corps, mais ne se confond pas avec lui : l'esprit est à l'égard de la matière comme un général à l'égard de son armée. On dit que Leibniz ne s'est occupé de la question de l'Eucharistie que par amusement. Cette opinion est inadmissible. Leibniz attache la plus grande importance aux dogmes religieux, qui, bien interprétés, renferment de précieuses vérités. « *Omnia sana sanis* », répète-t-il souvent. Or, en ce qui concerne l'Eucharistie, il se propose de maintenir, de même que les scolastiques, la réalité des accidents. Les Cartésiens ramenaient les accidents à la substance, les qualités sensibles à l'étendue. Leibniz les combat, et il veut fonder la distinction des espèces et de la substance. Si la négation des accidents réels était sa propre doctrine, son attitude, dans les lettres au P. Des Bosses, ne serait pas celle d'un virtuose, mais celle d'un mystificateur.

La question des rapports de l'âme avec le corps rentre dans la philosophie leibnizienne proprement dite. La monade consiste dans une unité dont le modèle est l'esprit. Comme cette unité préside à la masse organique, mais ne l'absorbe pas en elle, il est naturel de se demander quel rapport il y a entre ces deux espèces d'êtres, en quoi consiste au juste l'action et l'influence qu'ils paraissent exercer l'un sur l'autre.

Ainsi, nous ne rétrogradons pas. Nous avançons, au contraire, en faisant succéder la question des rapports de l'âme et du corps à la question de la nature de la substance.

II.

Cette question a déjà été traitée par les Cartésiens, qui, faisant consister l'âme dans la pensée et le corps dans l'étendue, repoussent l'influence réelle de chacun d'eux sur l'autre. Leibniz souscrit à ce résultat et reconnaît l'inintelligibilité de l'action physique d'une substance quelconque sur une autre substance. L'action physique est une poussée, une donnée brute et expérimentale qui ne satisfait point l'esprit. Nous ne comprenons absolument rien à l'attraction supposée par Newton. Il n'y a là qu'un fait, non une vérité philosophique.

Les Cartésiens ont cherché une explication qui rendît inutile l'influence admise par le vulgaire. Geulincx et Malebranche commencent par établir qu'un corps ne peut agir sur un autre corps, ni un esprit sur un autre esprit, et que, par suite, les corps ne peuvent pas agir sur les esprits ni les esprits sur les corps. Pour expliquer la communication des substances, ils accordent aux affections des êtres créés le rôle de causes *occasionnelles* et font jouer au Créateur et à lui seul celui de cause *efficiente.* A l'occasion des modifications du corps ou de l'âme, Dieu produit dans l'âme ou dans le corps des modifications correspondantes.

L'occasionnalisme satisfait Leibniz par un côté. Malebranche a bien vu ce qui ne se peut pas. Il a bien montré qu'il faut en finir avec la prétendue action des substances les unes sur les autres. Sa solution négative est valable, mais sa solution positive est moins satisfaisante. Dieu, dans son système, intervient constamment pour établir l'accord entre les pensées et les mouvements et, en général, entre les diverses substances. Cet accord est dû à un miracle perpétuel. Ce n'est point là une explication scientifique. La science consiste à montrer dans la nature même d'un être la source de toutes ses manières d'être. L'explication de Malebranche ne satisfait point à cette condition. Les lois de l'union qu'il nous propose ne sont pas déduites des notions mêmes de l'âme et du corps. Elles apparaissent comme imposées du dehors par une volonté toute-puissante et arbitraire. Nous sommes, ici encore, en présence d'un fait et non d'une raison. Il faut trouver une solution intelligible, philosophique, qui ne laisse point de place au miracle.

Leibniz commence par démontrer rigoureusement qu'une

substance ne peut pas agir physiquement sur une autre substance. Ce principe est plus certain encore dans son système que dans aucun autre, puisque, selon Leibniz, une substance est une chose qui a en elle-même toutes les conditions de son action et de son développement. Toute trace d'influence physique est donc écartée. Voilà pour le côté négatif de la doctrine. La monadologie nous guide dans la recherche du côté positif. On sait que les Cartésiens admettaient que la quantité du mouvement demeure identique dans l'univers. Cette loi est fausse, dit Leibniz : ce qui est permanent dans l'univers, c'est la quantité de force vive. Si le monde n'était qu'étendue et mouvement, comme le veulent les Cartésiens, il n'aurait pas en lui-même la raison de ses phénomènes, les lois n'en seraient pas immanentes. Mais si le mouvement n'est que le phénomène d'une réalité métaphysique subsistant au sein même du monde, si la force, loin d'être un être de raison, est la vraie substance des corps, il n'y a pas besoin de sortir du monde pour s'expliquer le détail de ses changements : sa nature même rend raison de ses modifications. Jusqu'ici, Leibniz ne fait que perfectionner à sa manière la doctrine de Descartes. Mais, en ce qui concerne le monde des âmes, il expose une doctrine réellement nouvelle.

On n'a guère eu, avant Leibniz, cette idée que le monde psychique a, lui aussi, des lois propres, spéciales, et immanentes. En général, les uns ont cherché dans le corps la cause des phénomènes psychiques ; les autres, séparant l'esprit du corps, ont placé dans la spontanéité libre le signe distinctif des opérations de l'esprit. De part et d'autre, on ne concevait pas qu'il pût y avoir des lois psychiques distinctes et indépendantes.

Qu'est-ce qu'une loi psychique ? On comprend assez bien ce qu'est une loi physique : c'est, au fond, une relation mathématique existant entre deux phénomènes. Une loi psychique spéciale, ce serait une relation entre phénomènes psychiques, conçue en elle-même comme universelle et nécessaire, indépendamment du lien qui peut unir cette relation aux lois de la matière.

L'idée de lois de ce genre est assez répandue de notre temps, où l'on admet comme spéciales, non-seulement des lois psychiques, mais même des lois sociales. Il est vrai qu'il s'agit ordinairement de lois purement empiriques. Le type de la loi psychique proprement dite est, en ce sens, l'*association des idées* dont les successeurs de Hume, notamment Stuart Mill, tireront un si grand parti.

Leibniz, lui, cherche une loi physique *rationnelle.* Or il estime que l'existence d'une telle loi suit de sa doctrine des monades. La monade, en effet, contient deux éléments : une *vis activa* et une *vis passiva.* La *vis activa* est, en dernière analyse, la somme des perceptions *distinctes* qu'il y a dans une monade. La *vis passiva* est la somme des perceptions confuses. L'ensemble des perceptions confuses qui se trouvent dans un sujet est pour lui un stimulant qui l'excite à agrandir le domaine de ses perceptions distinctes : le corps est le ressort de l'âme, le sentiment est une pensée qui se cherche. Dès lors, il y a dans l'âme, au sein même de la *vis perceptiva,* une loi immanente de développement. Toute âme est une tendance à passer de perceptions confuses à des perceptions distinctes.

Voilà le second résultat auquel est arrivé Leibniz. Il y a dans le monde intérieur, composé de sujets de perception, des lois propres et immanentes. Mais cela ne suffit pas. Il faut encore savoir quel rapport existe entre les lois propres des corps et les lois propres des âmes.

La perception et son objet, la substance et les phénomènes, sont sans doute deux choses différentes : ce sont toutefois deux choses *analogues.* Il y a analogie entre une série de mouvements et l'expression symbolique de cette série, entre une courbe et l'équation de cette courbe. La perception distincte est à son objet, c'est-à-dire aux perceptions confuses correspondantes, comme l'équation d'une courbe est à cette courbe même. Il y a, non pas une ressemblance sensible, mais une analogie intelligible entre les corps et les esprits. L'analogie du sujet et de l'objet, du percevant et du perçu, de la monade et des corps, n'est autre que l'analogie du signe mathématique à la chose signifiée. C'est ainsi qu'on peut concevoir la nature du rapport qui relie entre eux les corps et les esprits. Comment savons-nous que ce rapport existe véritablement ?

La monadologie, à elle seule, démontre seulement que ce rapport est *possible:* Tout, en effet, selon la monadologie, est réglé dans le monde des corps comme dans le monde des esprits. Ces deux mondes sont comme deux séries de phénomènes qui se suivent respectivement selon une loi. Ces deux séries peuvent être conçues comme parallèles. Le sont-elles réellement ? Pour l'affirmer, nous devons faire intervenir un Dieu *sage,* qui a fait parallèles les deux lignes susceptibles de l'être, qui a réalisé cet accord entre le monde des esprits et le monde des corps, que la nature de l'un et de l'autre rend simplement possible. Voilà l'*Harmonie préétablie,* la doctrine que Leibniz symbolise par la comparaison des deux horloges. Selon cette théorie, Dieu a réglé une fois pour toutes l'harmonie des deux mondes ; il ne vient point à chaque instant retoucher son œuvre, comme le Dieu des occasionnalistes.

III.

Ce système est-il l'expression définitive de la pensée de Leibniz ? Il est la solution qui convient au problème de l'union de l'âme et du corps. Mais, à son tour, ne soulève-t-il pas un nouveau problème ?

Nous avons supprimé le miracle perpétuel de la *création continuée,* mais pour le remplacer par un miracle unique et éternel. Le miracle subsiste donc ; et, par là même, les rapports de l'âme avec le corps sont incomplètement déterminés. 1° Y a-t-il entre l'âme et le corps un rapport de subordination ? — Dans ce cas, notre système ne laisse-t-il pas subsister ce dualisme aristotélicien du moteur et du mobile, qui laisse inachevée la réduction des choses à l'unité ? 2° Y a-t-il, d'autre part, simple parallélisme ? — L'esprit et le corps sont alors mis sur le même plan ; et, si nous en cherchons l'unité, nous pourrons nous la figurer à la manière de Spinoza, comme la substance commune dont l'esprit et le corps sont les diverses manifestations.

La première de ces interprétations maintient la hiérarchie, mais en blessant la raison, qui veut que l'unité soit au fond des choses. La deuxième interprétation, qui n'est autre que le Spinozisme, supprime le dualisme radical, satisfait l'intelligence, mais froisse la morale.

L'harmonie préétablie ne peut donc être le terme de la philosophie régressive. Il nous faut chercher un principe plus élevé encore, qui explique cette harmonie et la détermine.

Considérons désormais, non plus le rapport de l'âme avec le corps, de la substance avec les phénomènes, mais le rapport des substances entre elles. Nous avons trouvé que toute réalité a son fondement dans des substances dites monades. Ces monades sont multiples et fermées les unes aux autres. Le problème se pose de savoir quelles relations elles ont entre elles. Nous savons comment chacune d'elles est, par rapport aux phénomènes qui en dépendent, un principe d'unité. Mais entre les monades elles-mêmes, n'y a-t-il aucun lien qui ramène leur multiplicité à l'unité ? Jusqu'ici la doctrine de Leibniz sur la substance est une sorte d'atomisme métaphysique. Rien jusqu'ici qui nous assure que le hasard n'est pas la seule loi des rapports des monades entre elles. Il nous faut chercher quel peut être le lien des monades, ce qui peut faire l'unité de ce monde multiple auquel nous sommes arrivés.

Le lien des monades ne peut être une relation extérieure, une influence physique et réelle, car les monades sont comme des consciences : elles n'ont « ni portes, ni fenêtres » ; toute espèce d'action transitive des monades les unes sur les autres est inintelligible. Mais entre toutes les monades il y a un trait d'union, qui est l'objet même de la représentation propre à chacune d'elles. Toutes représentent un seul et même univers ; en d'autres termes, chaque substance, chaque individu est une expression d'un même modèle. Les monades sont donc identiques dans leur objet de représentation.

Elles se distinguent toutefois les unes des autres et sont par là des individus. Mais d'où vient leur individualité ? Ce qui les individualise, c'est, en définitive, la part de perceptions confuses qui est en chacune d'elles. L'élément passif fait l'individualité de la monade. Or, c'est justement grâce à ses perceptions confuses que chaque monade, non-seulement a l'univers entier pour objet de perception, mais perçoit effectivement cet univers. Grâce aux perceptions confuses, rien n'est perçu en quelque substance que ce soit qui n'ait son analogue dans toutes les autres substances. Les perceptions confuses sont ainsi le lien des monades. Le sentiment est l'univers en nous. Il est, dans sa complexité infinie et obscure, le désir vague de comprendre l'univers entier, le commencement de cette compréhension même. Par conséquent, les monades ne sont pas seulement identiques, en tant que destinées à représenter un seul et même objet : même en tant qu'individus, elles sont liées par leurs perceptions confuses.

Enfin, il y a entre les perceptions confuses et les perceptions distinctes une relation dont le monde des corps ne peut nous donner une idée. Notre conscience nous montre que du sentiment à la pensée la gradation peut être insensible. Nous pouvons transformer par un effort nos sentiments, nos passions en pensées et en volontés. La jouissance artistique que nous fait éprouver la musique est un calcul que nous effectuons sans nous en douter. Par l'attention nous prenons conscience de ce calcul. Nous constatons qu'il y a effectivement un rapport simple entre les nombres de vibrations des notes qui constituent un accord. La science n'est pas autre chose que la transformation graduelle de la sensation en idée. Entre celle-ci et celle-là, la discontinuité n'est qu'apparente. Choisissez convenablement les intermédiaires, et il n'est pas de sensation que vous ne puissiez voir s'épanouir en idée distincte, pas de fait qui ne puisse devenir une loi.

Ces considérations, qui se déduisent des principes de la monadologie, préparent la solution du problème.

Pour que l'harmonie fût complète entre les monades, il serait nécessaire et suffisant que, chacune d'elles réalisant un degré déterminé de distinction dans la perception, l'ensemble des monades réalisât tous les degrés possibles, depuis le sentiment le plus obscur jusqu'à la pensée la plus distincte. Alors le système des monades offrirait tous les intermédiaires nécessaires pour que l'analogie de nature de deux monades quelconques, si différentes qu'on les suppose, pût être rendue intelligible. La théorie de la monadologie ne nous permet pas d'affirmer qu'une telle hiérarchie de monades a été effectivement réalisée. Elle ne présente cette hiérarchie que comme possible. Mais, s'il existe un Dieu tout-puissant et parfaitement sage, il peut et doit avoir réalisé cette hiérarchie, car il n'y a rien de contradictoire, et il y a une convenance souveraine dans la réalisation de tous ces degrés de perception.

IV.

Telle est l'harmonie des monades. Leur liaison est une *continuité dans la hiérarchie,* et non une juxtaposition. C'est une relation métaphysique et morale, ce n'est rien qui ressemble à cette action et réaction physique qui ne saurait être une unité véritable.

Revenons maintenant à l'harmonie de l'âme et du corps : nous pouvons, à l'aide de ce que nous venons de dire, opérer la déduction de la matière. Dans le fond, il n'existe qu'une échelle de monades, si insensiblement dissemblables, que l'esprit divin peut, dans chacune d'elles, voir la raison ou l'effet de ce qui se passe dans les autres. Or, supposons que, dans cette hiérarchie continue, l'on considère deux degrés éloignés l'un de l'autre sans voir les degrés intermédiaires : ces deux degrés apparaîtront comme deux entités hétérogènes ; et le rapport de continuité qui les unit en réalité fera place à un rapport d'harmonie préétablie entre des substances séparées et en apparence irréductibles. Tels sont l'esprit et le corps. Ce sont deux anneaux artificiellement isolés de la chaîne des êtres. Leur harmonie, imparfaitement déterminée, est le phénomène de cette hiérarchie non interrompue des degrés de perception de l'univers, en laquelle consiste le fond des choses, inaccessible aux sens et à l'imagination.

La doctrine de l'harmonie préétablie trouve ainsi sa détermination et son achèvement dans la doctrine de la continuité hiérarchique, que Leibniz y superpose. Le Spinozisme est ainsi vaincu et la morale rétablie, car la hiérarchie de l'esprit et du corps se trouve garantie ; et, ce qui importe à la morale, c'est que l'esprit ait mission de commander, le corps d'obéir. En même temps, cette hiérarchie devient intelligible en tant que l'esprit et le corps sont reliés l'un à l'autre par une série continue d'intermédiaires.

Voilà comment Leibniz superpose à la monadologie l'harmonie préétablie, et à celle-ci la hiérarchie continue. Est-ce là le dernier mot de la philosophie ? Sommes-nous arrivés à l'ἀνυπόθετον absolu que rêvait Platon ? Non. La monade se suffit ; mais les monades, en elles-mêmes, n'ont que la raison de leur développement, non celle de leur existence. Nous avons pu concevoir une liaison entre les substances : mais pour affirmer que cette liaison a dû être réalisée, il nous a fallu recourir à l'intervention d'un Dieu. Les différentes monades sont des compossibles, mais aucune d'elles *n'impli-*

que l'existence des autres. Au contraire, chacune d'elles demeurerait ce qu'elle est quand toutes les autres seraient anéanties.

Il faut donc remonter plus haut encore et chercher pourquoi les choses compossibles sont réalisées, comment doit être conçue cette réalisation pour être intelligible. Le pas qu'il nous reste à faire est le plus grand : ce n'est plus l'entendement, mais la volonté, qui sera la source de la réalisation des compossibles.

CHAPITRE XII

LEIBNIZ

L'existence de Dieu

Le problème que se pose Leibniz consiste à déterminer le fondement de l'existence des choses, à chercher ce qui fait qu'elles sont des êtres et non de purs phénomènes. L'existence des choses n'est pas mise en question, mais le métaphysicien veut savoir en quoi consiste cette existence. Pour la conscience spontanée, les choses sont ce qu'elles nous apparaissent, les qualités sensibles sont l'être même : mais la moindre réflexion suffit à nous convaincre qu'une pareille opinion est superficielle. Le Cartésianisme a donné une solution très philosophique du problème : il a professé que ce qui fait l'existence des choses, c'est l'étendue, dont elles sont des modes. Cette explication est profonde et riche en conséquences, mais est-elle l'explication absolue ? Leibniz ne le croit pas. L'étendue repose sur quelque chose de plus réel, le mouvement ; celui-ci repose à son tour sur la force ou l'effort. Au mécanisme Leibniz superpose donc le dynanisme. Mais l'effort n'est pas la réalité ultime. On peut s'y arrêter, si l'on ne prétend qu'à fonder la physique, sans viser à la connaissance du principe entièrement intelligible et véritablement premier. Mais une métaphysique, qui aspire à découvrir l'être premier en soi, doit s'élever jusqu'à la monadologie, ou philosophie de la vie et de la perception. Ce n'est pas tout encore : la monade, en elle-même, est indifférente à l'existence d'autres monades. Du concept de la monade on ne peut dériver que la possibilité, non la nécessité d'une pluralité de monades liées entre elles. La monadologie n'est donc point le terme de la métaphysique : il faut lui superposer la doctrine de l'Harmonie, de la hiérarchie continue des êtres. C'est sur les conditions de cette harmonie que repose la réalité des monades, toutes celles qui sont nécessaires pour que l'échelle des êtres soit complète ayant été appelées à l'existence.

Voilà où nous en sommes arrivés. Ne sommes-nous pas au terme ? Ne sommes-nous pas en possession du fond véritable des choses ? Peut-on et doit-on approfondir davantage encore ?

I.

Il ne manque pas d'interprètes de la philosophie de Leibniz, notamment en Allemagne, qui prétendent que l'harmonie est le dernier mot du système. Le Dieu de Leibniz n'est, dit-on, selon une expression du philosophe lui-même, que l'*Harmonie universelle.* Cependant, les ouvrages de Leibniz sont pleins de théories spéciales de théologie naturelle. Sa *Théodicée* n'est que le couronnement d'études qui l'ont occupé toute sa vie. Nous avons même vu que ses recherches philosophiques ont été provoquées, précisément par le désir de démontrer mathématiquement l'existence de Dieu, de sa sagesse et de sa providence.

Que faut-il penser de la théologie naturelle de Leibniz ? Selon quelques-uns, elle ne fait pas partie intégrante de sa philosophie. Et, en effet, elle paraît au premier abord incompatible avec la monadologie et l'harmonie préétablie. Que supposent ces deux doctrines, sinon que les monades ont une suffisance qui leur permet de tirer d'elles-mêmes toutes leurs perceptions, tous leurs modes d'existence ? Ce sont des dieux, puisqu'elles se suffisent à elles-mêmes. Il ne reste donc pas de place pour une activité divine qui en serait distincte. Déjà Malebranche avait vu que, si les créatures sont des causes en même temps que des substances, le polythéisme est le vrai. Si donc nous introduisons un Dieu suprême, le système va, semble-t-il, être complètement bouleversé. Les activités ne seront plus que phénoménales. Ou bien si l'on persiste à dire que les monades tirent toutes leurs actions de leur propre fonds, il faudra admettre qu'elles agissent en Dieu, que leur multiplicité n'est pas radicale, et le système dégénérera en panthéisme. Dieu sera le fonds d'activité commun à toutes les monades. Pourtant, Leibniz se défend du panthéisme non moins vivement que de l'occasionnalisme ; il est et veut rester théiste. Son système se conforme-t-il à sa volonté ?

Il est certain que Leibniz a lui-même appelé Dieu « *Harmonia universalis* ». L'harmonie serait donc le vrai Dieu, au sens philosophique du mot. D'un autre côté, il a défini Dieu la monade suprême, et la monade n'est pas une simple harmonie, un simple rapport : c'est une substance. Nous ne pouvons donc trancher la question avec des textes isolés. Considérons les choses et non les mots, et tâchons d'entrer dans la pensée de Leibniz.

L'harmonie se suffit-elle à elle-même, remplit-elle la condition du premier être, l'αὐτάρκεια ? Est-elle intelligible par elle-même ? C'est-à-dire : est-elle, par elle-même, entièrement déterminée, et contient-elle la raison de sa détermination ?

Rien n'empêche, semble-t-il, de considérer l'harmonie comme le fond même des choses, comme l'absolu que nous cherchons. L'harmonie de Leibniz est la loi de la détermination universelle des choses. Pourquoi cette loi ne serait-elle pas ce qu'on appelle Dieu ? L'univers de Spinoza n'est-il pas déjà suspendu à la nécessité universelle ? Si Spinoza a pu faire consister Dieu dans la nécessité, pourquoi Leibniz n'en ferait-il pas autant ? Qu'est-ce qui empêche que le déterminisme ne soit le Dieu de Leibniz, comme il est le Dieu de Spinoza ?

Un tel rapprochement est, selon nous, illégitime. Le monde,

selon Leibniz, est tout autre que selon Spinoza. Pour celui-ci, il est l'être universel, sans variété, sans organisation véritable, sans multiplicité réelle d'individus et de spontanéités. Pour Leibniz, il consiste en une multitude infinie d'individus réels, de spontanéités de plus en plus voisines de la liberté. Loin qu'il se soit contenté du monde de Spinoza, Leibniz a conçu une infinité de mondes qu'il a superposés à celui de Spinoza comme des existences au possible pur et simple. Le monde de Spinoza n'est que la périphérie de l'univers leibnizien. Pure passivité, pure matière, il n'est que cette extériorité absolue, cet absolu minimum de perception que dépasse tout être réel, si imparfait qu'il soit. En tout ce qui est il y a quelque réalité interne, quelque commencement de perception distincte et d'organisation véritable. Ainsi Spinoza a pu considérer la nécessité comme le fond des choses : son exemple ne vaut pas pour Leibniz.

Mais, si Leibniz ne conçoit pas l'harmonie à la manière de Spinoza, ne la concevrait-il pas comme les Stoïciens ? Le λόγος, l'harmonie, la raison était pour eux le Dieu immanent de l'univers. Est-il nécessaire d'y superposer un Dieu personnel ?

La ressemblance entre Leibniz et les Stoïciens n'est qu'apparente. Leibniz ne veut pas d'une harmonie fatale. L'harmonie existante est le fruit d'un choix opéré parmi une infinité de possibles. Le champ des possibles est illimité, et l'être réalisé n'en est qu'une partie. Pour les Stoïciens tout est bien, tout le possible comme tout l'être, lequel ne fait qu'un avec le possible. Tout est bon, vu d'un certain côté, vu dans son rapport au tout, qui seul existe véritablement. Il n'en est pas de même pour Leibniz. Son Dieu ne change pas la nature intrinsèque des possibles. Chacun d'eux contient une certaine somme de biens et une certaine somme de maux. C'est leur diversité même qui rend possible et provoque le choix divin. Ainsi l'harmonie de l'univers, d'une part est réalisée d'une manière contingente, non nécessaire, d'autre part comporte l'imperfection nécessairement inhérente à la créature.

Ainsi l'exemple des Stoïciens ne vaut pas plus que celui de Spinoza pour montrer que Leibniz pouvait se contenter de l'harmonie. L' « harmonia universalis » n'est pas son dernier mot. Le concept de Dieu et le concept d'harmonie universelle ne coïncident pas exactement. Nous allons montrer que la philosophie de Leibniz, à travers ses savantes analyses, s'est conformée à cet adage populaire qui veut qu'une loi suppose un législateur.

Pourquoi l'harmonie ne peut-elle pas elle-même être le Dieu suprême ? Dans le système de Leibniz, la réalisation de l'harmonie suppose une dualité : celle du possible et de l'existence. Sans doute, ces deux faces de l'être (possible et existence) sont conciliées dans l'harmonie ; mais elles ne sont pas réduites l'une à l'autre : il n'y a point de rapport de nécessité absolue entre les deux termes.

Un tel rapport existerait si l'on pouvait admettre que le possible, de lui-même, passe à l'existence, dont l'harmonie est la forme, en d'autres termes, si l'harmonie était, selon l'expression de Montesquieu, une loi dérivant de la nature des choses. Les possibles sont donnés : si l'harmonie n'est autre chose que l'effet naturel et nécessaire de leur nature et de leur lutte pour l'existence, la dualité du possible et du réel n'est qu'apparente, et un Dieu personnel n'est pas nécessaire pour la surmonter. Mais la loi d'harmonie, telle que la conçoit Leibniz, ne dérive pas de la nature des possibles : elle s'y superpose. Les possibles sont indépendants les uns des autres ; ils ne peuvent donc lutter d'eux-mêmes et effectivement pour l'existence et s'entredétruire ou se conserver par voie de sélection naturelle. Si chacun d'eux peut par lui-même se développer, sans que l'intervention d'une Providence divine y soit nécessaire, chacun d'eux réalisera tout ce qui est en lui, et le monde ne sera que chaos. Il n'y aura rien de cette sage gradation dans les formes de l'existence en quoi Leibniz fait consister l'harmonie. C'est grâce à un choix que tels possibles deviennent réels et sont appelés à se développer, à l'exclusion des autres, et ce choix ne se fait pas tout seul ; il est intelligent. Ainsi l'harmonie ne dérive pas de la nature des choses ; c'est bien une loi à laquelle la nature des êtres ne répugne pas, mais c'est une perfection qu'ils ne peuvent se donner eux-mêmes.

Donc, le possible et l'être demeurent distincts : l'harmonie laisse subsister une dualité. Nous ne sommes pas encore en possession du principe absolu que nous cherchons.

II.

Où découvrirons-nous un tel principe ? Ici se placent les preuves de l'existence de Dieu. Voyons si ces arguments ne nous fourniraient pas le principe intelligible du possible, de l'existence et de leur rapport.

Leibniz reprend les preuves classiques de l'existence de Dieu, mais en les remaniant selon l'esprit de sa philosophie.

1° Preuve tirée des vérités éternelles. — Les vérités éternelles ou essences sont, chez Leibniz, les *possibles.* Les possibles se suffisent à eux-mêmes en tant qu'idées, en tant que possibles abstraits ; mais en tant même qu'ils prétendent à l'existence et possèdent une réalité infiniment petite, ils n'ont pas leur principe en eux-mêmes. Un possible est comme une définition mathématique, qui peut, sans contradiction, demeurer purement idéale. Ce qu'il y a de réel dans le possible requiert une essence enveloppant l'existence, qui en soit le fondement. Cette essence première sera l'être par soi, *Ens a se.* Pour expliquer la réalité qui se trouve dans les possibles et qui ne vient pas des possibles eux-mêmes, il faut admettre un être existant par lui-même, un être nécessaire.

2° Preuve *a contingentia mundi.* — Le monde existe : cette existence ne peut manquer d'avoir une raison. Mais cette raison, on ne peut, comme pour les vérités mathématiques, la trouver par l'analyse. Quand il s'agit du réel, l'analyse se poursuit sans terme. Le monde n'a donc pas en soi l'explication de son existence. Cette explication doit être cherchée en dehors de lui. Elle ne peut se trouver dans aucune essence, fût-ce l'essence divine, parce qu'une essence met un terme à l'analyse : la raison de l'existence du monde doit résider dans une existence absolue, c'est-à-dire dans une existence parfaite, analogue, non à notre entendement, mais à notre volonté. Telle est la racine de la contingence. Le contingent, c'est ce qui procède principalement, non de l'entendement, mais de la volonté divine.

Ainsi la réalité des vérités éternelles nous conduit à une essence qui enveloppe l'existence, et la réalité des phénomènes contingents nous amène à admettre une existence capable de poser les essences.

3° Preuve ontologique. — Cette preuve va réunir l'essence et l'existence. L'essence de l'être suprême est d'exister par soi. Or comment n'existerait-il pas ? Toute existence est la réalisation de la tendance. Si l'être absolu a précisément pour essence la faculté d'exister en soi, il existe. Voilà la preuve ontologique.

4° Preuve leibnizienne proprement dite. — Leibniz utilise, comme on voit, les preuves classiques. Mais la preuve par excellence est, à ses yeux, celle qu'il tire des principes de son système, en appliquant la notion mathématique de la limite. De la monade qui contient un minimum d'activité et un maximum de passivité, à la monade qui contient un maximum d'activité et un minimum de passivité, il y a une hiérarchie continue, et cette hiérarchie est comme une ascension de la matière à l'esprit. Or, si nous admettons la notion mathématique de limite, nous devons dire que toute cette suite est suspendue à une monade suprême entièrement exempte de passivité. Dieu, en ce sens, n'est pas le sommet de la pyramide. La pyramide n'a pas de sommet, car la quantité de passivité peut diminuer à l'infini sans jamais devenir nulle. Dieu est au monde ce que la tangente est à la circonférence dont le rayon augmente indéfiniment. Entre le monde et Dieu il y a un lien tout métaphysique, et non un lien de continuïté mathématique.

Voilà comment se développe, dans le système de Leibniz, et quel sens y prend la maxime vulgaire suivant laquelle toute loi suppose un législateur.

Ne sommes-nous pas arrivés au terme ? La question du premier principe, raison des choses et de soi-même, n'est-elle pas résolue ? Est-il possible d'aller plus loin que *l'Ens a se*, que l'être qui existe par lui-même ? — Ce serait omettre une partie capitale de la philosophie leibnizienne que d'arrêter ici la régression vers le principe des choses. Nous devons, pour suivre notre auteur jusqu'au bout dans la recherche du premier être, aborder une dernière théorie.

III.

Nous avons vu comment l'existence des qualités sensibles est garantie, si l'étendue existe ; celle de l'étendue, si le mouvement existe ; celle du mouvement, si l'effort existe ; celle de l'effort, si la monade existe ; celle de la monade, si l'harmonie existe, et celle de l'harmonie, si Dieu existe. Quant à l'existence de Dieu lui-même, nous ne l'avons pas démontrée d'une manière absolue, nous avons prouvé qu'elle suit nécessairement, si l'on admet que Dieu est possible. Car tel est le vrai sens de la preuve ontologique. Dieu est, s'il est possible : voilà la proposition que nous avons établie.

Essayons d'expliquer cette restriction: *si Dieu est possible.* Nous avons procédé jusqu'ici *a posteriori*. Nous avons remonté du donné à ses conditions, nous avons montré que l'existence du monde suppose, en dernière analyse, l'existence d'un être qui existe par soi. Mais ce concept, dégagé par voie d'élimination, ce résidu que nous trouvons au fond du creuset, qui nous dit que c'est un principe nécessaire et vrai en lui-même ? Qui nous assure que c'est un métal précieux et non un *caput mortuum* ? Nous avons prouvé que l'existence de l'*Ens a se* doit être admise, *si* l'on veut concevoir le monde comme un pur phénomène. Nous n'avons pas prouvé, directement et absolument, que l'*Ens a se* existe. Les choses sont intelligibles si l'on suppose l'être en soi, mais l'être en soi est-il intelligible en lui-même, est-il possible ? Si ce produit ultime de l'analyse n'était pas intelligible en lui-même, tout s'expliquerait par un principe inexplicable. L'absurde ou tout au moins l'inintelligible serait le fond des choses. Ceci n'est pas inadmissible en soi. Cela voudrait dire que toute la science n'est que la conscience de l'irréductibilité des choses à l'intelligence.

Il reste donc à examiner le concept d'être en soi, pour voir s'il s'entend par lui-même et non pas seulement comme condition de l'existence du monde. Cet examen ne peut être fait que suivant une méthode rigoureusement *a priori*. Il faut, d'un concept dégagé de l'expérience et participant encore de la confusion des données expérimentales, faire, s'il est possible, une idée véritablement distincte et adéquate.

Comment Leibniz répond-il à cette question : Dieu est-il possible ? — La réponse directe n'est guère développée. Dans les lettres à Eckhart il dit : « Si l'être par soi n'est pas possible, l'être par autrui ne l'est pas non plus. » Cet argument est insuffisant. — Leibniz dit encore dans la *Monadologie,* § 45 : « Ainsi Dieu seul (ou l'Etre nécessaire) a ce privilège, qu'il faut qu'il existe, s'il est possible. Et comme rien ne peut empêcher la possibilité de ce qui n'enferme aucune borne, aucune négation, et par conséquent, aucune contradiction, cela seul suffit pour connaître l'existence de Dieu *a priori* ». L'illimité est-il possible ? Voilà précisément la question, et Leibniz, ici, ne la résout pas Si le Dieu de Leibniz était une unité absolument homogène et indivisible, comme la substance de Spinoza, on pourrait dire sans explication que sa notion n'enferme point de négation, qu'il embrasse tout ce qui est. Mais le Dieu de

Leibniz choisit, il est ceci et n'est pas cela. Le Dieu de Leibniz serait-il donc l'acte pur d'Aristote, un dans sa perfection immobile ? — Mais Leibniz veut que Dieu agisse véritablement, qu'il soit Créateur et Providence, qu'il soit une conscience et une personne.

Comment alors concevoir Dieu ?

Le concept de Dieu, chez Leibniz, est certainement exposé à la contradiction interne. Dieu doit être à la fois la raison des possibilités et la raison des existences. Comment ces deux natures peuvent-elles se concilier ? Principe commun de tous les possibles, Dieu est l'universel et l'indéterminé. Principe du choix entre les possibles, Dieu est le bien, le parfait, le déterminé absolu. En définitive, le Dieu de Leibniz paraît être à la fois la substance infinie de Spinoza et la Perfection d'Aristote. Ces deux Dieux sont-ils réductibles à l'unité ?

Il y a une idée qui domine la philosophie allemande en général et qui, chez Leibniz déjà, est constamment mise en relief. Elle consiste à distinguer profondément l'activité et la chose immobile, et à placer la substantialité dans la première en reléguant la seconde au rang de phénomène. Rien dans la nature, dit Leibniz, n'est mort, brut et immobile. Tout agit, tout s'organise, et c'est par là que la nature ressemble à son créateur. L'action explique la grandeur, non la grandeur l'action. Interprétons la Théodicée à la lumière de cette idée.

A mesure qu'on s'élève dans l'échelle des êtres, la part de la fonction dans leur manière d'être l'emporte sur la part de l'organe. Cependant, dans tout être créé, subsiste une nature ou matière comme base du développement. Les perceptions confuses demeurent dans tout être créé le point de départ de la formation des perceptions distinctes. — Nous ne voyons pas, pourrait-on dire en langage actuel, qu'il existe dans la nature de fonction sans organe, et cette formule « la fonction crée l'organe » est pour nous une hyperbole. Mais est-il impossible en soi qu'il existe un être en qui l'activité soit absolue ? Déjà nous trouvons en nous l'idée d'une activité infinie, capable de diminuer toujours davantage la passivité inhérente à la créature. L'homme possède, dans la faculté *perceptive* et dans la faculté *appétitive*, moins des qualités proprement dites que des puissances capables d'un progrès indéfini Par l'art, par la science, nous transformons en actions de notre esprit les impressions que d'abord nous subissions passivement. — Dès lors, pourquoi ne pas concevoir Dieu comme une activité pure, qui ne reposerait point sur une nature immobile et au fond de laquelle il n'y aurait aucune matière ? Le sujet ou la base serait en Dieu la puissance, et, de cette puissance, les deux rameaux en quelque sorte seraient l'entendement et la volonté, conçus expressément comme des activités vivantes. En un mot, Dieu serait *personne*. Ce mot a, dans la métaphysique de l'activité, une signification et une portée singulières. Tandis que la chose est ou peut être donnée, possède une nature immobile et homogène ou peut se prendre la perception, la personne est un pur sujet : elle perçoit, elle veut, elle calcule, ordonne et organise, mais son action ne peut elle-même être objet de perception et de calcul. Elle est connue par intuition pure.

Et maintenant, si Dieu est ainsi une activité pure, c'est-à-dire la parfaite personnalité, s'il est véritablement puissance, entendement et volonté, et non matière pensante et étendue comme le voulait Spinoza, il se peut que nous ne comprenions pas encore comment il est en même temps possibilité et existence, géométrie et perfection morale, essence et existence ; mais du moins la contradiction est levée. Quand on se représente Dieu comme étant à la fois, en tant que chose donnée, la somme de tous les possibles et le possible parfait à l'exclusion des autres, on imagine un concept contradictoire. Mais Dieu peut être, dans l'infini de sa puissance, la *source* commune des possibles et de l'existence, de la substance spinoziste et de la perfection aristotélicienne. Les fleuves qui arrosent les deux versants d'une montagne peuvent, au sommet, avoir une commune origine.

Quelle est la valeur et la signification de ce résultat ? La conception leibnizienne d'un Dieu comme *source* commune du possible et de l'existence, de l'intelligence et de la volonté, demeure suprarationnelle, puisque la nature ne nous offre rien de semblable ; mais elle n'est pas contraire à la raison, qui voit la nature tendre à cette perfection, laquelle n'est autre que ce qu'on nomme liberté.

Ainsi la possibilité du premier principe auquel a abouti la philosophie régressive ne peut pas être entièrement démontrée. Mais nous pouvons dire quelle doit être la nature divine pour que cette nature soit exempte de contradiction. C'est en ce sens et dans cette mesure que l'existence de Dieu se pose *a priori*. Le résumé de la philosophie régressive est : Le monde existe, si Dieu est possible, et Dieu est possible, s'il est une personne.

Jusqu'ici il semble que Leibniz ait pris pour texte, en les transfigurant avec son esprit métaphysique, ces paroles de Bacon : « Tout dans la nature se fait par des causes secondes, mais la chaîne des causes secondes est attachée au trône de Jupiter ». Parvenue à l'Etre qui est par lui-même, la philosophie régressive a achevé sa tâche. Il s'agit maintenant de considérer les choses à la lumière des principes que nous a fournis l'analyse. Il s'agit de voir comment, en partant de l'idée de Dieu, on peut s'expliquer sa nature, son action créatrice et providentielle, la nature du monde et les lois de son développement. Toutes ces questions ont été amplement traitées par Leibniz, et l'ensemble en forme ce qu'on peut appeler sa philosophie progressive, contre-partie des doctrines que nous avons étudiées.

CHAPITRE XIII

LEIBNIZ

La Nature de Dieu

Nous avons exposé la première partie de l'œuvre de Leibniz, et nous avons vu que du désordre apparent de ses doctrines se dégage une direction unique, une marche déterminée, un progrès. Considérant d'abord le monde revêtu de qualités sensibles, nous nous sommes demandé si elles peuvent constituer l'être même qui nous est donné. Les qualités sensibles reposent sur les qualités mathématiques et, avec le Cartésianisme, un pas a été fait vers la vérité. Mais ce système n'en est, toutefois, que « l'antichambre ». Le mouvement ne se suffit pas, et, sous le mouvement, il faut considérer la force. Au mécanisme Leibniz superpose, mais ne substitue pas le dynamisme. Il superpose la force au mouvement, comme Aristote superposait Dieu au monde. Mais au dynamisme il superpose la monadologie, c'est-à-dire la vie, qui est un principe interne, ressemblant déjà à notre âme, et dont nous puisons en nous-mêmes l'idée. La monade à son tour ne se suffit pas, car elle n'est pas l'être absolu, réel : elle existe, mais elle ne se résout pas en un être métaphysique ; la monade est l'être dérivé, et nous cherchons l'être primitif. Au-dessus de la monadologie, Leibniz place l'harmonie préétablie, qui rend raison des rapports existant entre les monades et nous explique pourquoi plusieurs monades sont possibles et quelles sont celles qui existent. Mais l'harmonie préétablie à son tour, ou plutôt la hiérarchie continue des substances, n'est pas encore le principe suprême, et il faut à l'harmonie préétablie superposer Dieu, conçu comme l'Etre nécessaire.

Jusqu'ici le système de Leibniz s'est développé en suivant une marche *a posteriori*. La clef de voûte de l'édifice est l'argument ontologique et, avec cet argument, Leibniz va suivre une direction nouvelle et redescendre de Dieu aux choses. Il partira de ce qui est premier en soi et non de ce qui est premier pour nous, et cette marche *a priori* nous apportera des connaissances nouvelles. Nous verrons les choses se produire déductivement. Or, assister à la génération d'une chose, c'est en acquérir la connaissance la plus profonde.

La Philosophie de Leibniz se divise, par conséquent, en deux : 1° La Philosophie régressive, qui va des choses à Dieu ; 2° la Philosophie progressive, qui va de Dieu aux choses.

C'est cette dernière qu'il nous reste à étudier.

I.

Dieu existe. En quoi consiste la nature de cette monade suprême ?

C'est le premier problème qui s'offre à nous, dès que nous connaissons l'existence de Dieu. Dans quelle mesure pourra-t-il être résolu ? Dieu est l'être absolu ; il se distingue donc de tous les autres êtres qui se composent essentiellement d'une âme et d'un corps, d'un principe positif et d'un principe négatif, c'est-à-dire matériel. Dieu nous dépasse infiniment ; il est positif ; en lui point de matière, point de limitation. Il est hors de pair, et aucun raisonnement scientifique ne peut l'embrasser. Il n'y a donc point de science de Dieu, point de théologie scientifique, comme l'ont supposé les mystiques, qui croyaient que nous pouvons acquérir une vision de Dieu.

Mais il ne s'ensuit pas que, pour connaître Dieu, nous en

soyons réduits soit à la révélation, soit à l'induction qui va de l'effet à la cause. Ces deux méthodes reposent sur cette idée que, Dieu étant hétérogène aux choses de ce monde, nous ne pouvons nous élever à lui que par un saut. La révélation procède ainsi. Quant à l'induction proprement dite, elle part de faits inexplicables. Newton disait lui-même que l'ordre général des choses ne s'explique pas. Comment dès lors s'élever à la connaissance de Dieu ? — Mais, selon Leibniz, nous ne sommes réduits, ni à la révélation, ni à cette induction.

Le caractère essentiel de la philosophie de Leibniz est de chercher à établir partout la continuité. Il admet qu'il y a entre Dieu et le monde un rapport analogue à celui qui existe entre un polygone inscrit d'un nombre indéfini de côtés et une circonférence. Le polygone n'atteint jamais la circonférence, et, néanmoins, s'en approche indéfiniment. De même, Dieu étant la limite du monde, nous ne pouvons pas le *saisir*, comme disaient les mystiques, mais nous pouvons nous en approcher indéfiniment. Le monde forme une hiérarchie continue dont Dieu est la limite. En partant de Dieu, être parfait, on peut se représenter les choses comme indéfiniment perfectionnées pour s'élever à lui. Voilà la méthode que nous devons suivre pour arriver jusqu'à Dieu. C'est comme une nouvelle adaptation de la méthode mathématique.

Quelle est donc la nature de Dieu, si nous la déterminons d'après ce principe ? — Leibniz prend pour point de départ l'être le plus parfait que présente la nature et porte ses perfections à l'infini. Cet être n'est autre que l'homme. Or, il y a dans l'homme trois facultés principales : 1° le sujet ou la base, ou la substance ; 2° la connaissance, ou la perception ; 3° la faculté appétitive. En Dieu doivent se retrouver ces trois éléments, mais portés à l'infini. Ce sont : 1° la puissance infinie ; 2° la connaissance infinie ; 3° la volonté infinie. La puissance est le sujet ou la base commune de la connaissance et de la volonté. Dieu est une puissance infinie qui se manifeste par une intelligence et une volonté infinies, par la sagesse et la bonté infinies. — La connaissance divine n'est pas, comme la connaissance humaine, postérieure à ses objets ; elle leur est antérieure ; elle est leur source ; elle est une activité. Le Dieu de Leibniz n'est pas la vérité et le bien ; il est l'entendement et la volonté infinis. Il n'est pas un objet d'où dérivera une puissance, mais, au contraire, une activité qui pose un objet. L'entendement divin est la source des possibles ; il en engendre naturellement et nécessairement une infinité, et chacun de ces possibles se compose d'éléments liés entre eux mathématiquement. Il faut prendre chaque possible tout entier ou le rejeter tout entier : mais il y a une infinité de possibles. — Le rôle de la volonté n'est point de créer de toutes pièces l'être qu'elle doit produire. Elle doit choisir les possibles les meilleurs, les plus conformes à la fin qui la dirige. L'action de la volonté est nécessaire comme celle de l'entendement ; mais la nécessité n'est pas la même dans les deux cas. La nécessité qui préside à la formation des possibles est absolue. Un possible ne peut absolument pas se composer d'éléments contradictoires. Cette nécessité dérive donc du principe de contradiction. Mais la nécessité qui préside aux choix des possibles n'est qu'hypothétique ou de convenance ; elle est morale ; elle incline, elle ne force pas. Il est certain que Dieu fera le bien, mais il n'y est point contraint ; il le fait spontanément.

Voilà la lettre de la doctrine.

II.

Essayons de pénétrer l'esprit de cette doctrine, d'en voir l'originalité, la valeur et la signification.

Les interprétations qu'on en a données sont très variées. L'une d'elles a été soutenue par un historien de la plus haute valeur, Eduard Zeller. Il croit que la distinction entre la nécessité métaphysique et la nécessité morale ne serait qu'apparente et extérieure chez Leibniz, qui est essentiellement un mathématicien. Son système est, en tout cas, forcément mathématique et ne fournit pas les éléments de cette distinction.

Examinons cette interprétation suivant laquelle la doctrine leibnizienne ne serait, en dépit des apparences, et, malgré les protestations mêmes de Leibniz, qu'un mécanisme raffiné et un déterminisme.

Voici, d'abord, quels sont les arguments en sa faveur. — Si nous envisageons la tendance générale du système de Leibniz, nous voyons que le progrès exposé par nous, dans nos précédentes leçons, consiste à passer d'une explication mathématique provisoire à une explication plus élevée, d'un caractère également mathématique. Il est clair que d'une philosophie de la qualité Leibniz s'élève à une philosophie de la quantité. Avec la monadologie, il n'entre pas dans le domaine de la métaphysique. Leibniz est, en effet, l'inventeur du calcul infinitésimal, et, grâce à ce calcul, il a fait rentrer dans les mathématiques l'infini et le continu. Au-dessus de la mathématique vulgaire, il place le calcul de l'infini, et, au-dessus, une mathématique supérieure qui viendra à son aide pour expliquer mathématiquement les choses spirituelles. La monade est une succession de perceptions qui s'accomplissent suivant une loi, et cette loi constitue l'unité de la monade. Celui qui connaîtrait une seule monade pourrait prédire son avenir. Si nous ne pouvons pas prédire ce qui arrivera à tel être particulier, ce n'est pas parce que les choses ne sont pas déterminées, mais parce que leur définition nous manque. Mais l'analyse du contingent s'achève en Dieu. Donc tout est déterminé : Dieu connaît mathématiquement la série des actes des individus. Leibniz résout l'harmonie préétablie elle-même en une continuité. Les mathématiques s'agrandissent au point de rejoindre la métaphysique et de l'englober.

Quant à Dieu, il est *extramundanus,* distinct du monde, hétérogène au monde. Est-il donc réfractaire à la méthode mathématique ? Dieu ne va pas, semble-t-il, pouvoir être posé et, pour ainsi dire, créé mathématiquement dans le système de Leibniz. Cependant Dieu est la définition parfaite du monde : la monade n'est qu'une définition adéquate, mais indirecte, l'équation d'une courbe rapportée à tel ou tel système de coordonnées ; elle annonce la propriété essentielle de la chose et non sa génération même ; elle est l'expression de l'univers. Dieu, au contraire, est la définition complète ; en lui rien de passif, ni de matériel. Il n'est pas besoin de coordonnées pour que le monde soit défini en lui. Dieu est donc comme la définition directe, immédiate, et adéquate du monde Dieu lui-même s'explique mathématiquement ; et ce fait que Dieu ne contient rien de réel signifie que le monde y est défini en soi, directement. Les mathématiques sont obligées de se servir d'auxiliaires, de choses étrangères à elles. Dieu s'en passe.

Dans ces conditions, il est certain que la distinction d'une nécessité métaphysique et d'une nécessité morale n'est qu'une distinction verbale. Dieu, nous dit-on, choisit. Mais il ne peut pas ne pas le faire. Le choix s'impose à lui. Il est la perfection, la souveraine bonté, et il choisit suivant sa nature. Mais qu'importe la source de la nécessité ? Qu'elle vienne du principe de contradiction ou de l'idée du bien, si la nécessité est absolue, la distinction que l'on fait n'est que logique. Allons plus loin. Y a-t-il choix ? Pour qu'il y ait choix, il faut que plusieurs possibles soient sur la même ligne. Les possibles sont-ils donc placés devant Dieu à titre égal ? Leibniz nous dit qu'il y a une infinité de possibles, mais il y en a de provisoires. Dieu écarte ceux qui ne sont pas compossibles. Il considère l'ensemble des possibles et non chaque possible isolément. Les non-compossibles ne sont pas possibles du tout. Ceux qu'il ne réalise pas ne seraient possibles que si Dieu pouvait faire une œuvre dépourvue d'unité, ce qui est contraire au principe de contradiction. Le réel est donc le possible. Il n'y a donc ni choix ni action. Dieu ne fait rien ; il est inutile, ou plutôt il n'est que l'ensemble des possibles. La perfection n'est autre que la quantité d'être, et chaque possible prétend à l'existence dans la mesure de la perfection qu'il enveloppe. La prétendue volonté de Dieu est nulle ; car tout se fera de la même façon, que Dieu choisisse ou non. Si Dieu n'existait pas, les possibles s'ordonneraient tout seuls, par une sorte de sélection naturelle, pour former l'univers. — Voilà comment on peut démontrer que le système de Leibniz n'est qu'un mécanisme. La démonstration paraît forte ; elle n'est cependant pas entièrement juste. Elle est évidemment contraire à l'intention de Leibniz. Il n'a philosophé, en effet, que pour prouver l'existence d'un Dieu moral et l'immortalité de l'âme. Il serait singulier qu'il eût démontré le contraire.

III

Voyons s'il est vrai que la contingence, la volonté, en un mot, tout ce qui est moral dans la nature de Dieu, se ramène effectivement à des éléments mathématiques.

1° On nous dit que la tendance générale du système de Leibniz est de ramener la qualité à la quantité et d'étendre ainsi le champ des mathématiques. — Mais il fait tout aussi bien le contraire. « Les mathématiques, dit-il, n'atteignent pas le fond des choses... Les causes efficientes sont suspendues aux causes finales, la mathématique à la métaphysique. » Considérer les choses à un point de vue mathématique, c'est les considérer d'une façon incomplète.

2° La contingence se ramène à une analyse qui s'effectue en Dieu, mais non dans l'entendement divin ; elle ne peut s'expliquer qu'en faisant appel au concept de la volonté divine, et celle-ci n'est pas réductible à l'entendement divin. Dieu seul possède la mathématique de la volonté.

3° La monade, dit-on, n'a d'autre unité que l'enchaînement de ses perceptions. — Oui, mais elles s'enchaînent, non pas suivant le principe de contradiction, mais suivant le principe de raison suffisante.

4° L'harmonie préétablie paraît n'être qu'une continuité mathématique. L'existence des êtres est absolument contingente. Il n'est aucun être qui appelle l'existence d'un autre être. Chaque degré de perfection, dans la hiérarchie des êtres, pourrait exister seul. — Il y a continuité sans doute, mais c'est la volonté qui établit cette continuité dans le progrès qualitatif. Connaissant la définition d'un être, je puis en déduire la série de ses perceptions, mais cette définition enferme un élément moral.

5° Enfin Dieu est la définition du monde ; — mais dans le concept de Dieu, il faut faire entrer la volonté et l'entendement.

Tout s'explique donc mathématiquement, mais à condition que, dans le principe des choses, on aura mis la volonté, irréductible à l'entendement. On ne peut démontrer la thèse de Leibniz qu'en supposant que Dieu est une définition. On a donc prouvé précisément ce que l'on voulait réfuter.

En effet, examinons maintenant la doctrine de la nécessité morale. Elle s'explique insuffisamment, quand on suppose confondues en Dieu l'intelligence et la volonté. Il faut distinguer deux éléments dans les possibles, leur prétention à l'existence et leur réalité. Mais ce n'est pas en tant que possibles qu'ils tendent à l'existence, mais en tant que la volonté de Dieu les y appelle. Le réel des possibles vient donc de la volonté divine. Dieu agit, par conséquent, et son action consiste à donner à chaque possible la réalité. De plus, Dieu choisit effectivement. Les possibles sont bien indépendants les uns des autres, et Dieu ne peut réaliser que ceux qui sont compossibles. Mais le mot « compossibilité » signifie liaison possible et non liaison nécessaire. Parmi les choses, aucune d'elles n'appelle nécessairement les autres.

Pour l'entendement les possibles sont tous égaux. Il s'oppose à ce que Dieu mette ensemble ce qui s'exclut. Mais, en deçà de cette barrière, il peut mettre ensemble tous les possibles qui ne se contredisent pas. Dieu choisit donc parmi les possibles qui sont compossibles et détermine leur disposition. Enfin ce choix, tout en sortant de la nature de Dieu, n'en sort pas suivant une nécessité géométrique, puisque la nature divine est entendement et volonté.

IV.

Qu'est-ce donc que cette volonté ? Nous sommes au seuil du monde divin. Nous ne pouvons pas y pénétrer. Pour quelles raisons ?

Il faut les chercher dans l'ensemble du système qui est la philosophie de la conciliation. Leibniz veut concilier en Dieu la connaissance et la volonté, et il veut le faire sans rien sacrifier. — Chez les Anciens, cette conciliation se faisait assez facilement grâce au λόγος, qui était une faculté supérieure à ce que nous appelons l'entendement. Pour Platon et pour Aristote, les mathématiques sont au-dessous de la sphère de la raison, et le λόγος était pour eux le trait d'union entre la connaissance et la volonté. La conciliation entre l'entendement et la volonté était donc possible. — Pour un moderne, la conciliation est devenue très difficile. L'entendement a tout à fait changé. Le mécanisme est son objet, et il a pour fonction de le chercher partout. La volonté a aussi son objet propre, qui est l'infini, la vertu, la béatitude ; elle poursuit un idéal supérieur au monde, l'union avec Dieu. La volonté et l'entendement divergent, semble-t-il, à l'infini.

Le système de Leibniz est cependant la conciliation de ces deux facultés. C'est dans le mal lui-même qu'il essaie de trouver le remède. L'entendement est devenu une faculté purement formelle. Autrefois il avait pour principes le bien et l'ordre. Il n'en est pas de même aujourd'hui ; il s'est pour ainsi dire vidé de tout son contenu. C'est ce que n'avait pas compris Spinoza, qui avait cru que l'entendement peut créer une définition par lui-même et la développer ensuite. Le point de départ est indifférent à l'entendement ; le nombre des possibles est infini, et ils sont absolument séparés les uns des autres, de sorte que l'on peut faire varier à l'infini les coordonnées auxquelles se rapportera une courbe. S'il en est ainsi, l'entendement se rapproche de la volonté et lui fournit la condition de son action. C'est donc très sérieusement que Leibniz admet l'infinité des possibles. La volonté pourra choisir parmi tous ces possibles. L'entendement a donc renoncé à cette unité spinoziste, qui l'éloignerait à tout jamais de la volonté. De même, il faut que la volonté descende vers l'entendement pour qu'un semblant de continuité puisse s'établir entre eux. Si elle devenait la liberté d'indifférence, elle ne serait pas la liberté parfaite. Mais la volonté a pour loi l'idée du meilleur, et c'est par elle qu'elle peut choisir. Le rapprochement entre elle et l'entendement se fait à l'aide du concept de nécessité. Il y a la nécessité métaphysique et la nécessité morale. L'une est absolue, l'autre, relative, n'existe que s'il existe une volonté, et cette volonté se détermine nécessairement, par une nécessité morale.

Leibniz s'est efforcé de concilier l'entendement et la volonté, d'établir la continuité de l'un à l'autre concept. La volonté pour lui ne se ramène pas purement et simplement à l'entendement. En Dieu, elle ne fait qu'un avec lui, mais il n'en est pas ainsi dans l'homme. Aussi ne pouvons-nous pas sonder la volonté divine.

Cette doctrine joue un très grand rôle dans le système de Leibniz et doit être prise au pied de la lettre.

CHAPITRE XIV

LEIBNIZ

Doctrine de la Création

Dans la philosophie progressive, qui procède *a priori*, par opposition à la philosophie régressive, qui a procédé *a posteriori*, Leibniz ne suit pas une méthode rigoureuse. Essayons toutefois de trouver un fil conducteur. Dans cette partie de son système, Leibniz va reparcourir toutes les étapes principales qu'il a parcourues pour s'élever des choses à Dieu. Mais cette idée ne suffit pas pour classer ses œuvres qui, presque toutes, se terminent par des considérations sur la destinée morale. Quel est donc l'ordre général de ses études ?

En partant du premier principe, Leibniz tente de redescendre d'abord peu à peu jusqu'à la matière première des choses ; il va des idées distinctes aux idées confuses, de Dieu à la matière. Nous verrons la matière sortir par degrés de Dieu. Mais ce n'est pas tout. Après avoir expliqué la matière élémentaire des choses en partant du premier principe, nous verrons comment les choses remontent à Dieu, comment les êtres prennent conscience de leur nature et de leur destinée, comment enfin, après avoir vu Dieu faire le monde, nous verrons le monde se faire Dieu.

On peut donc diviser la philosophie progressive en une marche qui descend de Dieu aux choses et en une marche par laquelle la nature revient à Dieu. — Cette division peut nous guider d'une manière générale. Nous avons parlé, dans notre dernière leçon, de la nature de Dieu. Il faut donc voir maintenant Dieu dans ses rapports avec le monde, Dieu créateur, et non plus Dieu en lui-même.

I.

Considérons Dieu, par conséquent, en tant qu'il produit le monde. Le problème de la création n'a pas toujours préoccupé les philosophes. Les anciens Grecs ne se le posaient pas ; ils étaient dualistes et regardaient le monde comme existant de toute éternité par lui-même. Dieu était le modèle idéal auquel le monde doit s'efforcer de ressembler. Le Christianisme, au contraire, a imposé ce problème aux philosophes ; car il a agrandi l'idée de Dieu. Dieu a été la perfection absolue, la perfection de l'être comme celle de l'essence. Il est le Créateur, et, s'il renferme en lui la matière de l'être, la matière ne peut pas exister à côté de lui de toute éternité. Tandis que le Dieu des Grecs était fini (τέλειος) et réalisait la forme la plus achevée et la plus parfaite qui puisse se concevoir, le Dieu des Chrétiens est infini, et, pour conserver cette infinité, il doit créer l'être même du monde en même temps que son ordonnance.

Il faut donc savoir comment Dieu crée le monde. Selon Leibniz, aucune des solutions qu'on a données de ce problème n'est satisfaisante.

On n'a guère fait qu'osciller entre deux solutions, inadmissibles l'une et l'autre.

1° Les uns, préoccupés de la toute-puissance de Dieu, lui font créer le monde absolument de rien, *ex nihilo*. Ils veulent que l'action de Dieu soit, à elle seule, la cause de tout ce qui est. La création sort absolument du néant. Il y a solution de continuité entre l'avant et l'après de la création, et il n'y a pas de passage intelligible de l'un à l'autre. Elle est entièrement transcendante. — Ainsi entendue, la création peut satisfaire la foi religieuse, mais elle froisse la raison qui veut que tout s'explique et que tout soit rattaché à quelque chose. Elle est un acte tout à fait arbitraire. L'explication de la création par la toute-puissance de Dieu n'est pas rationnelle. Dieu lui-même ne sait pas pourquoi il crée. Cette théorie s'appelle le *théisme transcendant*.

2° D'autres philosophes inclinent vers une explication tout à fait opposée. Ils pensent que Dieu est la substance, l'être, l'unité du monde. Quand on dit que Dieu crée le monde, on emploie, suivant eux, une expression mythique. — Cette théorie, désignée du nom de *panthéisme*, est, elle aussi, impossible, aux yeux de Leibniz, car elle nie la perfection, la personne morale de la Divinité.

Le théisme transcendant et le panthéisme sont les deux écueils contre lesquels la philosophie va se heurter. L'intention de Leibniz est de les éviter l'un et l'autre. Aussi essaiera-t-il, dans sa doctrine de la création, de concilier le théisme et le panthéisme.

A quoi tient l'impossibilité où l'on se trouve d'ordinaire de se décider pour une autre doctrine ? Cette difficulté inextricable vient, selon Leibniz, de ce que l'on confond l'essence et l'existence. Tantôt on ramène l'essence à l'existence, tantôt l'existence à l'essence, et on aboutit alors à appliquer aux essences ce qui n'est vrai que des existences, et réciproquement. Ainsi les théistes, c'est-à-dire les partisans de la création *ex nihilo,* se trompent en ce qu'ils confondent les essences avec les existences. Les Cartésiens, il est vrai, ont montré qu'au point de vue de l'existence il y a solution de continuité entre l'état présent des créatures et l'état immédiatement suivant . La loi des choses est la discontinuité, de façon que l'existence est séparée par la pensée de toute essence. Nous sommes alors dans un monde d'abstractions absolument inintelligibles. C'est cette loi des existences que les théistes appliquent à l'Etre qui est à la fois essence et existence. La théorie de la création *ex nihilo* s'impose à eux, car ils ne considèrent, en réalité, que des existences nues. Réciproquement, si les panthéistes réduisent Dieu à n'être que la substance du monde, c'est parce qu'ils ramènent l'existence à l'essence. Le propre des essences est, en effet, d'être continues. On peut passer de l'une à l'autre, expliquer l'une par l'autre. Supposez qu'il n'existe que des essences séparées de toute existence, le panthéisme sera vrai. Mais cette abstraction est aussi inintelligible que la précédente.

La confusion de l'essence avec l'existence, tel est donc le vice commun qui engendre ces deux systèmes contraires. La solution naîtra d'une juste distinction de ces deux termes, de la connaissance exacte de leurs différences et de leurs rapports.

Qu'est-ce que les essences et qu'est-ce que les existences ? Leibniz se réfère au Platonisme, aux doctrines antiques qui admettent des idées distinctes et séparées des choses, mais c'est pour mieux expliquer grâce à elles les rapports des essences et des existences. Tandis que, pour Platon, les idées représentent les essences, pour Leibniz, les essences, dépouillées de tout mélange avec les existences, sont des déterminations mathématiques des choses. Réciproquement, si l'on considère l'existence à part de l'essence, il reste quelque chose qui paraît aussi indispensable que l'essence elle-même. L'existence n'est autre que l'essence posée comme existant pour elle, comme individualité : c'est la discontinuité, l'existence des choses pour elles-mêmes.

II.

Cette distinction étant faite, voyons maintenant comment s'expliquera la production des essences et celle des existences.

A. Les Essences. — Suivant Descartes, Dieu a créé les essences d'une manière absolument libre. Il a pu faire que les contradictoires mêmes fussent possibles. 2 + 2 auraient pu faire 5. — Mais, dit Leibniz, si les essences sont le fruit de la volonté arbitraire de Dieu, rien de ce qui est essence ne s'applique à Dieu et n'est en lui *immédiatement*. Par conséquent, je ne puis dire ni que Dieu est sage, ni qu'il est juste, etc..., puisque la sagesse, la justice, etc..., sont des essences qu'il a créées. Toutes ces qualités sont l'œuvre de Dieu sans doute, mais Dieu lui-même n'est pas tout cela. Il n'y a pas de continuité entre la cause et l'effet, car la cause est absolument transcendante. Mais pouvons-nous retirer à Dieu la science, la bonté, la justice ? Que sera-t-il encore ? Sera-ce une volonté toute-puissante, sans lois, sans règles ? Mieux vaut alors l'identifier à la force pure et simple, au hasard. En définitive, il n'est rien, sinon on lui donnerait des *attributs*. — Ainsi cette thèse est inadmissible ; mais on peut l'atténuer. On peut admettre que Dieu a ses raisons pour créer les essences, mais que ses raisons ne sont pas les nôtres et que son intelligence n'a rien de commun avec la nôtre. Nous ne pouvons donc pas juger de la perfection divine. — Cette seconde hypothèse sauvegarde la perfection divine, mais détruit la réalité des créatures, du moment qu'elles ne trouvent aucun fondement en Dieu et que ce qui est en nous n'a aucune ressemblance avec ce qui est en Dieu.

Ainsi, dans le premier cas, lorsqu'on admet que Dieu crée d'une façon tout arbitraire et qu'il n'a en vue aucune essence, la perfection divine est compromise ; dans le second cas, s'il n'y a rien de commun entre notre intelligence et celle de Dieu, la perfection divine est peut-être sauvegardée, mais, d'abord, nous n'en savons rien, et, ensuite, nous ne pouvons rien fonder sur notre raison. Nous sommes condamnés au scepticisme. Dans les deux doctrines, en définitive, les créatures sont considérées comme des marionnettes.

S'ensuit-il qu'il faille considérer Dieu comme la somme des essences ? Y a-t-il identité et adéquation entre le terme Dieu et l'ensemble des essences ? N'y a-t-il aucune création des essences, et faut-il admettre qu'il y ait entre Dieu et les essences le rapport que Spinoza établit entre Dieu et les attributs ? Leibniz ne confond nulle part les essences et

Dieu. Il dit, au contraire, que Dieu est la source des essences.

Pour comprendre la portée de cette proposition, il est nécessaire de comparer la doctrine de Leibniz avec celle de Platon.

Le Dieu de Platon n'est pas entendement ; il est idée. Ce qui tient la place de toutes choses, c'est le Bien comme objet, et l'entendement est au Bien, comme notre œil est au soleil. L'entendement contemple le Bien ; il ne lui est pas antérieur. Or le Dieu de Leibniz est entendement et volonté. Jamais il n'appellera Dieu le Bien. L'entendement est une activité qui, il est vrai, va à son but, mais n'est pas entravée. C'est une activité infinie. Ainsi, selon Leibniz, les essences ne sont pas premières, mais dérivées et produites.

Comment les essences sont-elles produites ? Elles peuvent être considérées par Dieu avant leur réalisation, et Leibniz admet, en effet, cette considération des essences antérieurement à l'action divine. Avant d'être réalisées, elles ne sont que des possibilités imaginaires (*possibilitates fictitiæ*) ; elles n'ont aucune espèce de réalité, c'est-à-dire aucune cohésion ou individualité. Leur réalité vient de l'action de l'entendement divin. L'entendement divin est leur *lieu*. Qu'est-ce à dire ? L'entendement divin est une réalité, et il donne cette réalité aux possibles. Cette existence est une prétention à l'existence, le rudiment, le germe infiniment petit de l'existence, l'infiniment petit qui relie le possible à l'existence ; c'est le trait d'union que Leibniz trouve entre tous les contraires, le point où le possible est encore possible et commence déjà à exister.

Quelle est la loi des possibles, la loi des essences ? C'est la possibilité elle-même. Ce mot a un sens négatif et un sens positif. La possibilité *négative* est l'impossibilité pour une essence de violer le principe de contradiction. Est-ce tout ? Si l'on tient compte de la fin de la *Théodicée*, on voit que le monde que nous habitons est considéré par Leibniz comme inexplicable par le seul principe de contradiction.

La liaison de ses éléments requiert encore le principe de l'harmonie, de l'ordre, de l'accord. Ce principe, Leibniz l'appelle aussi la « compossibilité ». C'est la possibilité *positive.* Un possible est en quelque sorte circonscrit par le principe de contradiction, et il embrasse en lui tous les compossibles, c'est-à-dire tous les possibles qui ne le contredisent pas.

Ainsi la loi des possibles est la possibilité et la compossibilité, ou, en d'autres termes, la possibilité externe et interne.

En quoi consistent maintenant les possibles ainsi posés par Dieu ? Ils sont essentiellement des vérités mathématiques. Mais Leibniz y comprend encore, dans la *Théodicée,* le Vrai, le Juste et le Bon, qui sont présentés à la volonté comme une règle par l'entendement divin. Le monde des possibles embrasse donc non-seulement toutes les essences mathématiques, mais encore toutes les essences morales, tout ce qui est déterminé, en un mot, aussi bien dans l'ordre moral que dans l'ordre mathématique.

Telle est la doctrine de la production des possibles. Les possibles ont pour lois les principes de contradiction et de convenance. Ils sont en nombre infini et comprennent les essences mathématiques et morales.

III.

B. Les Existences. — Nous rencontrons, ici encore, une doctrine qui résout la question d'une manière en apparence satisfaisante pour l'entendement. — Suivant le Spinozisme, en effet, l'existence est Dieu même, c'est-à-dire le principe même des choses. La création des existences est l'épanouissement de cette existence absolue. — Mais Leibniz ne peut pas s'en tenir à cette solution panthéistique. En effet, selon la doctrine même de Spinoza, il faut de toute nécessité que le premier principe des choses soit impersonnel. Avec le Christianisme, Leibniz considère Dieu et l'homme même comme des personnes. Or, pour Spinoza, non seulement notre personnalité est absorbée et s'évanouit, mais Dieu lui-même n'est plus une personne. Il serait contradictoire, en effet, de supposer qu'une collection de personnes est elle-même une personne. Leibniz repousse la doctrine panthéistique ; il n'admet pas qu'il puisse y avoir un Esprit Universel, une Ame du Monde, une Unité englobant tous les êtres. Le Panthéisme est inadmissible. — S'ensuit-il que la création soit une action absolument transcendante de Dieu, un phénomène absolument contingent ? Si cette conséquence est légitime, nous n'existons pas, et l'action divine est tout. Si nous n'avons pas collaboré à notre propre création, nous n'avons pas de nature propre, et nous sommes simplement des produits. Ni l'une ni l'autre de ces doctrines n'est acceptable.

Quelle est la solution de Leibniz ? — Il prend pour point de départ la considération de la volonté divine. Elle résoudra le problème des existences, comme tout à l'heure l'entendement divin nous a servi à résoudre le problème des essences. — Comment agit la volonté divine ? Il ne faut pas se la représenter comme arbitraire dans son choix ; elle est absolument déterminée parce que le Bien, le Juste, etc., préexistent aux décrets divins, et Dieu ne peut pas ne pas être parfait.

Cette doctrine a un autre aspect qu'il importe de mettre en lumière. L'entendement divin est la source des possibles, parmi lesquels la volonté divine fera son choix, et des vérités éternelles qui doivent la guider. Les possibles sont donc les créatures elles-mêmes en germe. Ainsi, dans l'acte de la création, les créatures collaborent à l'opération divine. Dieu agit suivant des idées distinctes : la créature se développe en partant d'idées confuses. Voilà la part de la créature. Il se produit là quelque chose d'analogue à ce que nous constatons dans l'art humain. L'artiste est guidé par des idées distinctes. Est-ce à dire que les idées confuses n'aient aucune part dans l'œuvre d'art ? L'idée distincte est moins dans le génie de l'artiste que dans son œuvre. Il ne veut pas produire une œuvre quelconque, mais une œuvre qui vive, qui subsiste même après lui. Si mon esprit travaille en ce moment, c'est pour créer une œuvre qui doit fructifier dans vos esprits. Il y a donc une collaboration de l'artiste et de l'œuvre. L'œuvre s'impose à l'artiste et l'artiste impose l'œuvre. Le chef-d'œuvre vit tout seul ; l'œuvre manquée meurt avec son auteur. La créature collabore donc à la création.

Leibniz a été si loin dans l'exposition de cette théorie que maintes fois il semble que pour lui la créature se réalise toute seule. La créature, avons-nous dit, est un possible qui tend à l'existence. Mais, sans Dieu, elle ne développerait pas ce premier germe. C'est donc avec l'assistance de Dieu que le possible se développe et se réalise. Il y a donc création de la part de Dieu et évolution de la part des créatures.

Quelle est la loi de la création des existences ? La perfection est la loi de la création des existences, de même que la possibilité est la loi de la création des essences ; et cette perfection consiste dans la plus grande quantité d'être. On peut dire qu'elle est la plus grande multiplicité avec le plus grand ordre. C'est, en définitive, la réalisation de tous les intermédiaires entre les deux extrêmes les plus opposés, de manière qu'ils ne soient pas contradictoires. Telle est la loi de l'être.

Enfin jusqu'où s'étend le monde des existences ? Il s'étend à tout. L'existence n'est pas quelque chose qui soit surajouté à la possibilité et qu'on en puisse détacher. Otez l'existence et les possibles deviendront imaginaires. Nous ne trouvons nulle part, dans le monde de Leibniz, un possible qui ne soit déjà mélangé d'existence. Le champ de l'existence paraît être aussi grand que celui des possibles ; il y a seulement des degrés dans l'existence, et les possibles possèdent l'existence dans la proportion de leur perfection.

Cette doctrine, qui rend intelligible et réelle la création, se résume dans la formule de la nécessité géométrique et de la nécessité morale, irréductibles l'une à l'autre. La création est à la fois intelligible et réelle, intelligible parce que l'action créatrice est gouvernée par l'intelligence, réelle parce qu'elle est effective et non illusoire, comme dans le panthéisme. Mais toute existence vient de la volonté divine. Enfin cette création se fait suivant la nécessité géométrique pour les essences, suivant la nécessité morale pour les existences.

IV.

Jusqu'à quel point cette doctrine est-elle exempte de contradiction ? A force de vouloir tout concilier, Leibniz n'est-il pas embarrassé lui-même ? La Perfection, le Bien, l'Harmonie, qui doivent être les règles de la volonté, sont pourtant au nombre des essences ; la volonté est l'exécution même des lois prescrites par l'entendement divin. La volonté produit les existences par développement. Mais, dans le système de Leibniz, le développement n'existe que lorsqu'on regarde les choses du dehors. Quand on ne considère que la définition logique et qu'on regarde les choses par l'intérieur, on en voit l'enveloppement. Dieu seul voit tout parfaitement développé dans son entendement. Qu'est-ce donc que l'existence va ajouter à ce que l'entendement divin fournit déjà ? La volonté divine ne servirait-elle à rien ? Les possibles, tels que les a créés l'entendement, ne vont-ils pas former d'eux-mêmes le monde, et ne retombons-nous pas dans une interprétation mathématique du système de Leibniz, suivant laquelle la volonté divine réaliserait simplement les mathématiques ? — Si plausible que paraisse cette interprétation, nous ne croyons pas qu'elle soit exacte. Elle contredit les assertions de Leibniz lui-même, pour qui le développement n'est qu'une « dénomination intrinsèque ». — Mais le Bon et le Juste appartiennent-il à l'entendement en tant qu'entendement ? Isolons l'entendement de la volonté ; est-ce qu'il pourra fournir les principes moraux ? Telle n'est pas la pensée de Leibniz, sinon il n'aurait pas si constamment distingué la nécessité mathématique et la nécessité morale. Les possibles, de mathématiques qu'ils sont primitivement, ne prennent un caractère esthétique et moral qu'en tant qu'ils sont mis en rapport avec une volonté. Car l'entendement n'est pas séparé de la volonté. La volonté, en touchant ces possibles, en fait des degrés de perfection.

Par conséquent, si Leibniz a distingué l'entendement et la volonté, il les a aussi rapprochés. En Dieu, tel qu'il se connaît lui-même, l'entendement et la volonté ne doivent faire qu'un. Chez lui l'essence et l'existence sont unies, comme le montre l'argument ontologique. Il faut donc que l'entendement divin soit considéré comme *existant,* et la volonté divine comme *bonne* et *sage.* Voilà comment se résout la difficulté. Si les essences paraissent contenir déjà en elles-mêmes de quoi arriver à l'existence, c'est qu'elles sont le produit de l'entendement divin, et que l'entendement de Dieu ne peut pas se séparer de sa volonté. La volonté divine est ce qu'il y a de réel dans les essences. La loi de l'entendement est le principe de contradiction ; mais, dès qu'il y a multiplicité ordonnée, harmonie des possibles, c'est la volonté qui intervient.

Cet effort pour rapprocher l'entendement et la volonté est bien l'œuvre originale de Leibniz. Il y a cependant des doctrines qui ont influé sur lui. L'entendement de Dieu, tel qu'il le définit, rappelle la divinité des Alexandrins ; sa volonté, le Dieu personnel et créateur des Juifs et des Mystiques. La théorie de Leibniz est donc l'union du Dieu infini et du Dieu personnel, du Dieu platonicien et du Dieu juif. C'est la continuation de l'évolution commencée par les Mystiques, comme Jacob Boehme.

La conciliation est, si l'on veut, imparfaite, et la volonté sacrifiée. Mais elle mérite d'être prise au sérieux, et il ne faudrait pas y voir une simple concession aux idées chrétiennes.

La réintégration de l'élément moral dans le principe des choses est un des points principaux de la philosophie de Leibniz. Kant donnera à cet élément moral une importance beaucoup plus considérable.

CHAPITRE XV

LEIBNIZ

L'Optimisme

Nous avons vu comment les choses procèdent de Dieu, comment se fait la marche du conscient à l'inconscient. Quel est maintenant, parmi les mondes possibles, celui que Dieu a choisi pour le réaliser ? C'est la question même de l'Optimisme. Pas plus que les précédentes, elle ne pourra être résolue d'une façon complète. La théologie de Leibniz participe de la science et de la croyance. Il admet que la notion de Dieu ne peut pas être embrassée par l'esprit humain. Nous savons que Dieu existe, mais nous ne pouvons pas en avoir l'intuition. Nous pouvons savoir, d'une manière générale et abstraite, que le monde le meilleur existe ; mais il nous est impossible de sentir dans le détail son excellence. Voilà dans quelle mesure Leibniz va démontrer l'optimisme.

I

Le point de départ de cette démonstration est la notion de Dieu. Dieu consiste dans un entendement et une volonté intimement unis. Leibniz a montré l'harmonie de ces deux facultés, et il va faire usage de cette harmonie dans sa démonstration.

L'entendement divin représente éternellement une infinité de possibles. Ces possibles sont séparés les uns des autres, mais, au sein de chaque possible, tout est lié. Chaque possible doit être pris ou rejeté tout entier. D'autre part, la volonté divine se porte nécessairement au meilleur en général ; elle se décide d'après le principe de raison suffisante. Si elle se trouve en face de motifs égaux, ou, s'il y a absence de motifs, elle ne peut pas se décider. Voilà la nature divine. Dieu est essentiellement un, et c'est l'union intime de ses deux facultés qui va déterminer son choix.

Telle est la donnée ; tel est le principe. Comment de ce principe va sortir la démonstration de l'optimisme ?

Elle se présente sous la forme d'un dilemme dont voici les termes : Ou bien, parmi les possibles, il n'y en a point qui soit meilleur que tous les autres, et alors Dieu ne pourra rien créer ; ou Dieu a créé quelque chose, et ce qu'il a créé est nécessairement le meilleur de tous les possibles.

Reprenons les parties de cette alternative : 1° *Ou il n'y a point de possible meilleur que tous les autres* ; et, en effet, *a priori*, il n'y a pas de raison pour qu'il y ait un motif prévalent ; il se peut que les possibles aient la même valeur. L'entendement est satisfait, si les éléments d'un possible ne se contredisent pas entre eux. Les possibles sont comme une pyramide qui n'a point de base. Aura-t-elle un sommet ? S'il n'y en a pas, Dieu ne pourra pas se décider ; il ne créera pas, et les possibles resteront à l'état de possibles ; 2° *si, d'autre part, Dieu a créé quelque chose, c'est qu'un motif prévalent s'est effectivement présenté à sa volonté.*

Voilà le raisonnement. Examinons-en les caractères. — Le point de départ est la notion de Dieu, telle qu'elle a été définie dans les précédentes leçons. Leibniz estime qu'il peut montrer comment, dans la nature, l'harmonie entre l'un et le multiple s'accomplit de mieux en mieux. A vrai dire, Dieu est comme une limite mathématique à laquelle tend le monde. Voilà ce qui garantit la valeur du point de départ. Mais ce point de départ n'est pas tout. Le raisonnement n'aboutit que si on admet qu'il existe quelque chose. Leibniz ne peut pas démontrer *a priori* que le monde réalisé est le meilleur monde possible. Il prend la réalité du monde comme un fait. Voici comment. Il repousse la liberté d'indifférence d'équilibre. Il ne veut pas de cette explication du choix qui est identique au hasard, et, pour qu'il y ait détermination, il faut qu'il y ait des motifs. Mais alors naissent de nouvelles difficultés. En effet, si Dieu ne peut point se déterminer de par une liberté d'indifférence d'équilibre, il ne se déterminera qu'en présence d'un motif prévalent. Or Leibniz ne peut pas établir *a priori* l'existence d'un tel motif. En politique, on remplace le gouvernement despotique et absolu par la démocratie ou le parlementarisme ; on se débarrasse ainsi des dangers de l'arbitraire. Mais, alors, il faut qu'il y ait une majorité, et il n'est pas démontré qu'il y en aura une. S'il y a équilibre, il n'y a plus d'action possible. Telle est la situation de Dieu dans le système de Leibniz. Il faut que des motifs lui apportent une majorité, une raison prévalente.

L'existence de ces motifs est le postulat qu'introduit Leibniz. Sa démonstration de l'optimisme, fondée sur le concept de Dieu, le requiert. Si vous m'accordez qu'il existe quelque chose, affirme-t-il, vous êtes obligé d'en conclure que la pyramide a un sommet. Ce qui existe est, pour Leibniz, ce qui est substantiel, actuel. Mais il pourrait se faire que tout fût à l'état de devenir, comme l'ont soutenu Héraclite et Hegel. L'existence actuelle, la réalisation actuelle de quelque chose est donc un postulat mathématique que réclame Leibniz. Si vous l'accordez, le monde existe, et le possible qu'a choisi Dieu est le meilleur.

II.

En quoi consiste cette excellence du monde ? Qu'est-ce que l'optimisme de Leibniz ?

Il résulte de ce que nous venons de dire de la dualité de la volonté et de l'entendement en Dieu que cet optimisme est relatif. Le monde est le meilleur entre tous les mondes possibles, et voici en quoi a consisté la délibération divine. Les biens et les maux sont comme des quantités mathématiques. Représentons par *m* le mal et par *b* le bien. Dieu soustrait *m* de *b* et choisit celui d'entre les possibles qui présente une quantité *b—m* plus grande que celle que présentent tous les autres possibles. Cette différence la plus élevée qu'il soit possible d'obtenir est le fondement de cet optimisme relatif. Il se peut que, dans le monde créé par Dieu, la quantité des maux l'emporte sur la quantité des biens, mais rien ne s'oppose véritablement à ce que la quantité des biens surpasse celle des maux.— Mais le mal est une réalité.— Dieu aurait pu créer un monde où il y aurait eu moins de mal, où même il n'y aurait plus eu de mal ; il ne l'a pas fait, parce que ce monde aurait été inférieur à celui qui existe et qu'il contiendrait moins de bien que le nôtre. Il y a là, par conséquent, une question de calcul, du moins en droit. En outre, la fin que poursuit le monde n'est pas le bonheur, mais la plus grande harmonie possible entre l'entendement et la volonté. C'est la plus grande somme de biens, une fois les maux déduits.

En quoi consiste la bonté d'un tel monde ? A-t-il actuellement et éternellement toute la perfection qu'il comporte ? Est-il stable dans sa perfection, comme le monde d'Aristote, ou bien est-il en progrès, comme le monde de Hegel ? Leibniz ne s'est jamais prononcé entre les deux interprétations ; il les admet toutes les deux. Il admet l'idée du progrès, comme il admet celle de la fixité.

Cet optimisme peut être démontré *a priori*, comme nous venons de le faire. Mais si nous le mettons en présence des choses, va-t-il se soutenir ? Il est difficile, notamment, de concilier avec cet optimisme la liberté et le mal dans les créatures. Le meilleur des mondes possibles peut-il exclure la liberté, qui est notre trésor le plus précieux ? D'autre part, le mal est indéniable, et un système n'est-il pas condamné, s'il est dans l'incapacité d'expliquer l'existence du mal ?

Suivant Leibniz, son système donne, seul, une explication satisfaisante de la liberté et du mal. Le système opposé à celui de Leibniz est le Cartésianisme qui sépare l'entendement divin de la volonté divine. Si le commun des hommes est incapable, lui aussi, d'expliquer le mal et la liberté, c'est qu'il considère séparément la volonté et l'entendement. La philosophie de Leibniz est destinée à réagir contre cette tendance qui consiste à isoler la sagesse de la bonté divine.

III.

Comment Leibniz explique-t-il la liberté et l'existence du mal ?

La liberté réclame la contingence des actes. Un acte n'est libre que s'il n'est pas nécessaire. Mais, dans un système qui considère isolément l'entendement divin, la contingence est impossible. Pour Spinoza, par exemple, la liberté n'existe pas. — D'autre part, le mal n'est pas une simple diminution du bien. Leibniz n'admet pas que le mal soit subjectif. Le mal est une réalité ; il est une apparence dans les systèmes purement nominalistes ; mais, dans un système réaliste, le mal est l'obstacle qui empêche un individu d'atteindre sa fin, l'arrêt dans le développement causé à cet individu par des circonstances étrangères. Au contraire, si l'on considère isolément la bonté divine, on ne s'explique pas que Dieu sacrifie une créature à une autre.

Leibniz prend donc pour principe l'union de l'entendement et de la volonté, et voici comment, à l'aide de ce principe, il rend compte de la liberté et du mal.

1° La liberté. — Il ne faut d'abord pas confondre la liberté avec la liberté d'indifférence. Celle-ci n'est qu'une pure puissance, un concept vide et incomplet ; la toute-puissance dégagée de toute loi intellectuelle n'est autre que l'impuissance. — La liberté n'est pas non plus une sorte de *fatum* intérieur. Il ne suffit pas que Dieu ou la cause universelle agisse en moi. La liberté est une spontanéité individuelle. Or la liberté ainsi entendue se concilie parfaitement avec l'harmonie que Dieu réalise. Elle a son principe au fond même du monde des essences, dans l'objet de l'entendement divin. Elle est antérieure à la création divine, qui choisira parmi les possibles fournis par l'entendement divin. Ainsi la liberté de chaque individu existe de toute éternité dans le possible dont son être est le développement. Elle participe du divin ; elle plonge jusque dans l'objet même de l'entendement de Dieu. Or l'entendement divin est uni à la volonté divine, et les possibles qui en sont l'objet sont des harmonies, des choses compossibles entre elles. La liberté se concilie donc avec l'optimisme tel qu'il a été défini.

2° Le mal. — Il faut se faire du mal une idée juste. Le mal n'est pas une simple diminution du bien, une simple négation logique, comme le veulent les panthéistes. C'est une réalité, mais non au sens où l'entendaient les Manichéens. Il n'y a pas de principe spécial du mal. Il y a un lien entre le mal et le bien. Par conséquent, le mal est une réalité qu'il ne faut pas séparer du bien. Il a une réalité liée à son contraire. — Si telle est la nature du mal, peut-on le concilier avec l'optimisme tel que Leibniz l'a défini ? Oui, car la volonté divine ne crée pas le monde de toutes pièces, mais se borne à choisir le meilleur de tous les possibles en le prenant tel qu'il est. Mais si le possible que Dieu a choisi contenait un mélange de biens et de maux, ce mélange se retrouve dans le monde développé. On ne pourrait pas en retrancher le mal. On ne concevrait la suppression du mal que si Dieu pouvait éliminer le meilleur possible. Le mal n'est pas créé par Dieu, mais il est admis comme condition du bien. Sans le mal, la réalisation du bien lui-même n'aurait pas lieu. On pourrait montrer, par une multitude d'exemples, que cette explication du mal est absolument conforme à la nature du mal, telle que nous la révèle l'observation.

IV.

Que devons-nous penser de ce système ? Essayons de l'apprécier. On dit communément que le Leibnizianisme est essentiellement déterministe et optimiste. Il nous semble nécessaire d'apporter quelques restrictions à cette assertion et de montrer dans quelle mesure Leibniz est déterministe et optimiste.

Si l'on considère le développement logique de la doctrine de Leibniz, il n'est pas absolument déterministe et optimiste. Leibniz, en effet, distingue deux déterminismes : le déterminisme mathématique et le déterminisme moral. Cette distinction est fondée dans sa philosophie. Le déterminisme mathématique est le déterminisme des phénomènes vus du dehors par une intelligence finie. Les phénomènes sont isolés par abstraction de leurs sources et de leurs causes et forment une sorte de poussière. Cette conception suppose que l'univers nous apparaît comme une sphère ; elle est commode, parce que nos facultés sont imparfaites, mais elle est fausse. Le déterminisme mathématique considère l'univers du dehors, dans ses effets morts et non dans ses causes. — Le déterminisme moral, au contraire, considère les actions dans leurs causes et les rapporte à l'âme qui les engendre. Tandis que le déterminisme mathématique explique les choses par des causes purement universelles, le déterminisme moral les explique par des causes individuelles. Le concept de l'individu doit rentrer ici en ligne de compte. Jamais, en partant de l'universel, on ne peut arriver à déterminer l'individuel. Au contraire, l'individu est un premier principe qui explique un moment quelconque de la vie. Les résultats de mes actions, fixés artificiellement par une intelligence finie, sont soumis au déterminisme mathématique ; mais mes actions sont produites par moi, et, en tant qu'elles sont rapportées à mon âme, elles sont soumises à un déterminisme moral.

Le déterminisme de Leibniz est essentiellement moral.

V

L'optimisme de Leibniz est-il absolu ? Leibniz donne lui-même à sa doctrine le nom d'optimisme, mais il ne faut pas la confondre avec les autres doctrines qui portent le même nom dans l'histoire de la philosophie. — Les Stoïciens étaient optimistes dans le sens absolu du mot. Aux yeux de la Divinité, disaient-ils, tout est bon. Le mal n'existe que pour nous. Le Tout est excellent ; il est Dieu. — L'optimisme de Leibniz est relatif. Le mal, selon lui, existe en tant que mal ; il ne se ramène pas au bien ; il s'en distingue de toute éternité. — Pour Spinoza, tout ce qui est activité, ordre moral, n'est qu'apparent. Son optimisme est mathématique. Il réduit le bien au vrai. La pensée mathématique admet toutes les conséquences du principe qu'on exprime en disant : le vrai n'est autre que l'être, et, en dehors de l'être, il n'y a rien. Suivant le Spinozisme, Dieu aurait pu faire qu'il n'y ait pas de mal dans le monde.

Quelle est donc la différence qui existe entre l'optimisme des Stoïciens et de Spinoza et celui de Leibniz ?

Les Stoïciens ont ramené l'entendement à la volonté ; Spinoza a ramené la volonté à l'entendement. Leibniz, lui, établit une harmonie entre ces deux facultés. Son optimisme a un caractère original : il n'est ni moral comme celui des Stoïciens, ni intellectualiste comme celui de Spinoza. L'optimisme de Leibniz est transcendant ; il place le principe des choses dans un monde supérieur au vrai et au bien ; il concilie l'optimisme intellectualiste et l'optimisme moral, l'entendement et la volonté. Ni le vrai ni le beau ne sont au-dessus du monde. C'est l'harmonie du vrai et du beau qui est le dernier mot des choses. Le monde n'est pas fait simplement pour manifester les vérités mathématiques ou morales ; il est destiné à une fin supérieure. Dieu est au-dessus de la science et de la morale ; il est supérieur au vrai et au bien : il en est l'harmonie.

VI.

L'optimisme de Leibniz n'est donc pas absolu. Est-il certain même que sa doctrine ne renferme que des éléments optimistes ?

Le problème que s'est posé Leibniz est la conciliation de la morale et des mathématiques, des aspirations de la volonté avec l'existence d'un monde gouverné par les mathématiques. La volonté de Leibniz, c'est la volonté chrétienne aspirant au bien, la volonté cherchant son objet non plus dans un monde surnaturel, mais dans le monde naturel lui-même. — Mais supposez une volonté qui ait cru au surnaturel et qui perde ensuite la foi. Alors le monde sensible n'est plus animé et divin ; il n'est qu'une pure machine. Voilà ce que la réalité sensible offre à la volonté chrétienne qui a soif d'infini. Il lui faut autre chose que ce monde sensible, où règne le *fatum* mathématique, et c'est dans le Ciel qu'elle va chercher la satisfaction de son désir. Leibniz la trouvera sur la terre.

Leibniz prend pour point de départ le conflit posé par le Christianisme de la volonté avec le monde brut, et il essaie de concilier une volonté infinie et un monde fini. Des deux termes de ce problème il a tiré l'optimisme. — Mais plusieurs philosophes en tireront aussi le pessimisme. Le pessimiste est l'homme qui, comme Leibniz, veut satisfaire sa volonté dans le monde sensible, et aboutit à une déception. Le pessimisme est fondé sur le contraste qui existe entre notre volonté, telle que le Christianisme l'a conçue, mais abandonnée par la foi, et le monde mathématique. Le problème du pessimisme est déjà posé par Leibniz lui-même. Il n'est pas étonnant qu'on en ait donné plus tard une solution opposée à la sienne, tout en partant de sa propre doctrine. Les théories, en effet, ont une existence indépendante des individus qui les exposent. Les idées ne sont d'abord que de pures idées ; mais elles prennent ensuite un corps dans les individus.

Remarquons d'ailleurs que, si Leibniz a donné du problème une solution optimiste, la méthode qu'il a suivie pour y arriver n'est pas absolument rigoureuse. Il admet un postulat qui n'est pas nécessaire et qui constitue une sorte de pétition de principe, quand il suppose que le monde repose sur quelque chose de stable et d'harmonieux. Ne peut-il pas se faire, en effet, que le monde soit un conflit incessant, une guerre perpétuelle ?

Quoi qu'il en soit, à quel résultat Leibniz aboutit-il ? Ce n'est pas à l'optimisme absolu, car il admet deux principes en Dieu, la volonté et l'entendement. L'entendement fournit le principe du mal (*Théodicée*, II, 149). Il est incontestable que Leibniz fait une part au mal. La volonté est limitée par l'entendement. Il est douteux que la volonté soit entièrement satisfaite. Il a bien fait intervenir la volonté, telle que l'ont conçue les Chrétiens. Mais, quoi qu'il fasse, les mathématiques ne peuvent pas satisfaire le cœur.

Ainsi donc, Leibniz a professé l'optimisme. Mais son système a des points de contact avec le pessimisme lui-même, et il prête d'avance des armes à ceux qui voudront le soutenir.

La distinction entre la volonté et l'entendement a été, dans la suite, de plus en plus marquée ; le pessimisme n'a pas tardé à naître dans les milieux protestants, où l'on croit à l'existence du mal. L'optimisme relatif de Leibniz en renfermait déjà le germe. Sa doctrine est une étape dans l'évolution qui devait conduire à Schopenhauer.

CHAPITRE XVI

LEIBNIZ

Nature des êtres créés

Dans la philosophie progressive de Leibniz nous avons distingué deux parties : 1° l'étude des choses au point de vue de Dieu, c'est-à-dire la détermination des lois suivant lesquelles les choses procèdent de Dieu ; 2° le retour des choses à Dieu.

Nous terminerons aujourd'hui la première partie de la Philosophie progressive par l'examen de la *nature des êtres créés,* du monde créé par Dieu.

I.

L'idée qui préside à la détermination de la nature des choses créées, c'est l'idée chrétienne de la ressemblance entre Dieu et les choses, entre le Créateur et la créature. L'*imago Dei* est une formule employée par les théosophes de la Renaissance et, notamment, par Paracelse. La chose, sinon le mot, se trouve dans Leibniz. La notion de Dieu est le principe directeur qui sert à déterminer la nature des créatures.

Chez Descartes, il n'en est pas de même. La volonté seule ressemble à un côté de la nature divine. L'homme est créé par la libre volonté de Dieu, non pas sans raison ni sans plan, mais d'après un plan que nous ne pouvons pas nous figurer.

Dans Spinoza, l'entendement de Dieu ressemble à notre

entendement, « comme le chien constellation ressemble au chien aboyant ». L'homme n'est qu'une partie de Dieu.

Dans Leibniz, les mots *imago Dei* sont pris à la lettre. Le monde, la création doit être une expression aussi complète que possible de la divinité tout entière. Ce n'est point une créature extérieure à la divinité, créée par une volonté arbitraire. Dieu lui-même devra se retrouver dans tout l'univers et même dans chaque créature, dans chaque individu de l'univers. Non seulement *Cœli enarrant gloriam Dei,* mais encore chaque créature est Dieu.

C'est là une doctrine très originale, très particulière à Leibniz. On en trouve des indications dans Paracelse et les théosophes de la Renaissance, pour qui le monde est l'image de Dieu et tout individu un Dieu en raccourci. Mais voici la différence, qui maintiendra une séparation entre le monde et Dieu. Dieu est *extramundanus.* Dieu est l'infini actuel, la perfection absolument achevée et réalisée ; le monde est l'effort de la créature pour être Dieu, l'effort du fini pour réaliser l'infini. Le monde est un Dieu qui *veut être,* non pas un Dieu qui *se fait,* comme l'affirmera plus tard Hegel, mais un effort pour réaliser Dieu ; c'est un Dieu qui tend à être. Le monde s'achemine vers Dieu, et Dieu est la limite mathématique du monde, qui ne peut pas être atteinte et qui ne peut être conçue comme atteinte qu'idéalement. Le monde ne peut pas atteindre la réalité encore qu'il en approche indéfiniment.

Voilà l'esprit de cette recherche.

II.

Voyons en quoi consiste la nature des êtres créés.

Considérons les *lois* des êtres et les *êtres* eux-mêmes.

A. Les lois de la nature. — Ce qui caractérise la nature divine, c'est l'intime pénétration de l'entendement et de la volonté. La nature divine est une puissance, un substrat, une puissance infinie qui, logiquement, peut être distinguée en entendement et volonté. Mais l'entendement divin et la volonté divine ne doivent pas être séparés ; il ne faut pas isoler les deux termes qui, au fond, n'en font qu'un. Il suit de là qu'il faut affirmer en Dieu l'existence, encore que nous ne puissions pas la pénétrer, de l'infini actuel, de l'infini « catégorématique », d'un infini plein, réel, substantiel, et, en même temps, achevé et complet. En Dieu, l'universalité et l'individualité ne font qu'un. Dieu est absolument intelligible comme universel, et, en même temps, il est un individu. Il a l'intelligibilité de l'universel, et l'individualité de la substance. C'est, en un mot, un *infini actuel*, l'infini ou le continu étant le principe de l'intelligibilité, et l'actuel étant celui de la réalité.

Ces deux caractères, universalité ou intelligibilité et individualité ou réalité, devront se retrouver dans les créatures, mais les créatures ne peuvent pas être l'infini actuel ; les deux éléments, intelligibilité et individualité, raison et personnalité, vont se dissocier, et nous aurons une autre formule. Le Dieu de Leibniz est raison et personne : il est le Dieu infini des Panthéistes et le Dieu-personne des Chrétiens. Ces deux caractères ne peuvent plus coïncider dans le monde. L'intelligibilité, pour les êtres créés multiples, ne pourra se réaliser que par la continuité et l'homogénéité. Les essences mathématiques sont des types de la continuité et de l'homogénéité, des exemples de l'intelligibilité. Ce qui les rend intelligibles, c'est leur continuité. L'esprit peut additionner et soustraire le multiple, et c'est cette continuité de la matière qui la rend intelligible. Voilà l'origine du *principe de continuité,* qui est la première des deux lois fondamentales des êtres créés.

Il faut, en outre, que les êtres créés soient des *substances,* sinon ils ne seraient pas vraiment des êtres : ils doivent être des individus. Dieu peut être un individu en même temps qu'il est *un,* parce que nul autre être ne peut être mis sur la même ligne, parce qu'il est seul de son espèce. — Il n'en est pas de même des êtres créés : ils sont finis, c'est-à-dire bornés, parce qu'il faut qu'ils se distinguent, qu'ils puissent être discernés des autres individus. Mais ils ne diffèrent pas seulement quant à la position dans l'espace ou dans le temps. L'espace et le temps, en effet, ne contiennent aucun élément de distinction ; ils sont l'homogène pur et ne diffèrent pas. Il peut sembler que deux objets puissent être distingués par la position qu'ils occupent dans l'espace. Non, dit Leibniz : l'espace ne contient pas les éléments d'une distinction ; il faut qu'il y ait une distinction intime, dans l'essence. Pour que deux êtres se distinguent, il faut qu'ils diffèrent par des *dénominations intrinsèques, internes*. L'espace et le temps ne contiennent pas les éléments de cette distinction. Voilà le *principe des indiscernables*.

Principe de Continuité et Principe des Indiscernables, tels sont les deux principes de l'intelligibilité et de la réalité dans le monde créé. Mais ces deux principes sont-ils d'accord entre eux ? Nous avons dit qu'en Dieu l'intelligibilité et l'individualité ne font qu'un. Or les deux principes que nous venons de poser paraissent, si l'on y regarde de près, se contredire. Le continu, c'est l'homogène. Subdivisons l'homogène, jamais nous n'arriverons à l'indivisible, à l'un, à l'individu. Il n'y a pas de raison pour arrêter la division. Réciproquement, partons de l'individu, jamais nous n'arriverons à l'infini, au continu. On ne peut pas faire une ligne avec des points ; on ne peut pas arriver au point en divisant une ligne. Donc, en partant du continu, on ne peut pas arriver à l'individu, ni, en partant de l'individu, on ne peut arriver au continu. Donc l'individu et le continu sont opposés et contradictoires. Ces deux lois se contredisent par conséquent. Mais elles s'identifient dans leur source : elles ont une nature commune, celle de Dieu qui est intelligible et réel.

Comment faut-il concevoir ces deux lois pour qu'elles se concilient ? — On pourrait les concilier à la manière de

Spinoza. Elles pourraient n'être que les manifestations phénoménales d'un ordre plus profond et unique. La pensée et l'étendue ne seraient que les attributs d'une substance unique ; il n'y aurait ni passivité ni activité de l'idée et de la réalité par rapport l'une à l'autre. — Mais une telle doctrine ôterait aux individus toute réalité. Ce serait le Spinozisme. L'individualité ne serait qu'un phénomène. Il n'y a pas de parallélisme sans subordination entre la continuité et la discontinuité, entre l'ordre idéal des choses et l'ordre réel. Il n'y aurait pas de substantialité : Dieu seul existerait.

Leibniz, lui, distingue l'*ordre idéal*, c'est-à-dire l'ordre des possibles, et l'*ordre réel*, c'est-à-dire l'ordre des existences. Mais le possible est au-dessous de l'être. Il ne veut rien sacrifier, et c'est par un système de subordination qu'il réussit à maintenir les deux termes du problème qui paraissent se contredire. La subordination amène la conciliation.

Comment concevoir la loi des indiscernables et celle de la continuité, l'activité dans les existences et la passivité dans les possibles, comme subordonnées l'une à l'autre ? Comment subordonner l'une à l'autre deux lois qui paraissent contradictoires ? Il faudrait modifier les termes de ces lois, de manière qu'ils se rapprochent pour que l'esprit puisse passer de l'une à l'autre. — Voyons si la continuité et la discontinuité ne pourraient pas être rapprochées et se concilier.

L'homogène, ou la *matière* des Anciens, était l'indéterminé, ce qui n'a aucune espèce de contenu : c'était le général.

L'hétérogène, le discontinu, et inversement la *forme*, telle que la concevaient les Anciens, était quelque chose d'achevé, de circonscrit. — Si l'on conçoit ainsi le général, il n'y a pas de passage du général au particulier. Mais ne pourrait-on pas concevoir le général autrement que ne le faisaient les Platon et les Aristote ? Pour Anaxagore, le général, c'est le mélange des substances. Un tel mélange n'est pas concevable à la manière des Atomistes. Une somme de substances posées comme des atomes dans l'espace ne peut être que finie : or, il nous faut un continu infini. Si nous prenons des substances analogues aux substances matérielles, et que nous les ajoutions les unes aux autres, nous n'échapperons pas à la contradiction. En partant de telles substances pour arriver à l'homogène, au général, il faudrait admettre le nombre infini, ce qui serait absurde.

Mais si nous considérions l'agrégat des substances comme n'existant pas en soi, comme le résultat d'un sujet qui perçoit et qui peut indéfiniment passer d'une unité à une autre unité, alors l'absurdité du nombre infini serait évitée. La loi de l'intelligibilité serait rapprochée de la loi de la réalité. Nous admettrons donc que le général n'est pas un indéterminé vide de tout contenu, l'ἄπειρον vide des Anciens. Le général est une somme d'unités qui se suffisent indépendamment de l'esprit qui les conçoit, qui ne sont pas des atomes, mais les termes qu'un esprit peut additionner indéfiniment. Le général est une loi, une possibilité infinie ; ce n'est ni quelque chose d'indéterminé et vide, ni un nombre infini qui serait une absurdité. Si les individus sont des atomes fermés les uns aux autres, il sera impossible de les relier les uns aux autres par un lien. Le type de l'individualité se trouve dans les esprits, et les esprits ne sont pas des unités qui puissent s'additionner, et cependant je puis évoquer en moi tous les sentiments que vous éprouverez. Nous concevrons donc les individus non pas comme des substances posées, comme des atomes, mais comme des facultés. Si nous concevons l'individuel comme une faculté, alors l'individuel et le général se rapprochent, alors les individus ne sont pas, matériellement, en dehors les uns des autres. Voilà comment s'accomplit le rapprochement et la conciliation du principe individuel (des indiscernables) avec le principe général (de continuité).

Il y a donc, dans tout être créé, deux éléments : 1° la *matière,* c'est-à-dire le général, un nombre infini, une possibilité infinie de perception ; 2° la *forme,* c'est-à-dire un effort pour percevoir de la manière la plus distincte possible.

Ayant ainsi défini les deux principes fondamentaux de la réalité, nous sommes en mesure de nous expliquer la loi des causes efficientes et celle des causes finales.

Le continu pur est une abstraction ; de même, le discontinu pur. Mais le continu et le discontinu peuvent être dans des proportions différentes. On peut concevoir les choses soit davantage au point de vue du continu (causes efficientes), soit davantage au point de vue du discontinu (causes finales). D'ailleurs telle cause qui sera efficiente à un point de vue sera finale à un autre. Le mot varie de sens chez Leibniz. L'explication par les causes internes est supérieure à l'explication par les causes externes. Dès lors il y a un ordre des causes efficientes et un ordre des causes finales. En physique, par exemple, c'est le continu qui règne, et il n'y a que des degrés continus de température, etc...

Voici donc la hiérarchie des causes. Au bas de l'échelle se trouvent les raisons purement logiques, au-dessus les raisons mécaniques, puis les raisons téléologiques, et, au sommet, Dieu. Cette hiérarchie d'explications est de plus en plus parfaite. Les explications inférieures restent imparfaites, tant que l'explication dernière, par les causes finales et Dieu, n'a pas été donnée. Il est parfaitement possible d'expliquer les choses en les ramenant à Dieu. *Causæ efficientes pendent a finalibus* (Erdm. 678 a).

Telles sont les lois fondamentales des êtres.

III.

Considérons maintenant les *êtres en eux-mêmes.*

B. LES ETRES. — 1° *L'univers* ; 2° *les substances* ; 3° *les phénomènes* (ou monde des corps).

Nous allons voir l'application du principe de continuité et du principe des indiscernables.

1° L'UNIVERS. — Qu'est d'abord l'univers *au point de vue*

de la quantité ? A cet égard, on ne saurait admettre que l'univers ait un commencement dans le temps. Il est impossible de dire que Dieu a créé l'univers à un certain moment du temps plutôt qu'à un autre. Le temps est un homogène pur et n'a rien de *distingué*. Il n'y a pas de raison pour qu'on prenne un instant plutôt qu'un autre. Si donc on posait le temps avant l'univers, Dieu ne pourrait jamais créer l'univers. Or Dieu est incapable d'un acte sans raison. Mais on peut concevoir qu'en partant de l'instant actuel et en allant vers le passé, on rencontre un terme dans la régression. Voilà en quel sens le commencement du monde est admissible. Rencontrer un terme à la régression n'est ni certain, ni absurde. Leibniz, on le voit, reconnaît que cette formule *Le monde a un commencement* peut avoir un sens, et il ne se prononce pas sur la question de savoir si le monde est infini ou fini dans le temps. — Mais le monde est infini dans l'espace, non pas au sens d'un nombre infini d'atomes, mais en ce sens que, si loin que se porte la pensée, jamais elle ne rencontrera un dernier objet.

Tel est l'univers considéré au point de vue de la quantité.

Au point de vue de la qualité, de quels êtres l'univers se compose-t-il ? Il doit être le plus parfait possible, imiter Dieu. Ne contiendra-t-il que cela ? L'être parfait exclut évidemment la possibilité de tout autre que lui ; nul autre être ne peut être sur la même ligne. Mais l'existence d'êtres créés aussi parfaits que possible n'exclut pas l'existence d'autres êtres. Pour que l'univers soit le plus semblable à Dieu, il faut qu'il comprenne le plus d'individus possibles, exprimant la perfection divine chacun à sa manière. Cela vient de ce que l'infini ne peut être exprimé par aucune forme. De là la multiplicité de formes, d'expressions de plus en plus parfaites de la pensée divine, qui sont les individus. Dieu appelle à l'être toutes les formes possibles de l'existence. Il doit donc y avoir de la continuité dans le monde entre les êtres. Il y a continuité entre les minéraux, les végétaux et les animaux. Entre l'homme et l'animal existe une infinité d'intermédiaires, d'êtres mixtes : de même entre les animaux et les plantes, entre les plantes et les minéraux (1). Entre les hommes et les animaux, et entre les plantes et les substances inorganiques, il n'y a pas de vide. « Il n'y a pas de solution de continuité dans les *formes* », *vacuum in formis non datur* ; ce qui ne veut pas dire qu'il y ait évolution. Historiquement, les espèces sont éternelles ; l'évolution n'existe que dans la pensée divine ; l'évolution est une continuité.

La loi du monde est la *liaison universelle*. On peut la concevoir, tout d'abord, comme *extérieure, toute mathématique*, excluant toute spontanéité et toute individualité. Les choses peuvent être entendues de telle manière que leurs manifestations extérieures, que les phénomènes soient à côté les uns des autres, en juxtaposition, mais ne se pénètrent pas : c'est une extériorité mutuelle. Pour les mathématiciens, en effet, les choses ne se pénètrent pas ; mais, pour que les choses soient vraiment liées, il faut une *pénétration*, une liaison plus intime et qui respecte l'individualité. Ce mystère se trouve résolu dans la *personnalité*, qui est quelque chose de multiple et d'un. Voilà pourquoi les choses sont, au fond, des spontanéités unies entre elles. Nous ne sommes des *personnes* qu'en relation avec d'autres personnes. Vis-à-vis de la matière, notre âme serait-elle une personne ? Pourrait-elle avoir l'amour, le respect, le sentiment même du moi, les idées du devoir, du droit ? L'existence d'une personne suppose l'existence d'une autre personne. C'est pourquoi les choses sont, au fond, des substances douées de perception et d'appétit. La liaison véritable est la *liaison des spontanéités*, dont la liaison mathématique n'est que le phénomène. C'est *hors du temps* que les êtres sont véritable-

(1) Voir la *Lettre, de 1707, à un inconnu* dans G. E. Guhrauer, *Gottfried Wilhelm Freiherr von Leibnitz, eine Biographie*, 1846, I (Supplément).

ment unis, et pourtant ils sont des individus ; il y a chez eux continuité et personnalité.

2° Les Substances. — Quelle est maintenant la nature des substances ou monades ?

Les monades doivent représenter l'univers, et l'ensemble des monades doit représenter l'ensemble de l'univers. Mais comment sont-elles encore des individus ? C'est qu'elles expriment l'univers, chacune à son point de vue. Comment le principe des indiscernables est-il encore respecté ? C'est qu'aux perceptions confuses de l'une correspondent les perceptions distinctes des autres. Pour qu'il n'y ait pas double emploi, il faut que les monades soient harmoniques entre elles : c'est ainsi que s'établira entre elles la continuité.

La monade a donc à la fois une individualité, un point de vue particulier et distinct, et une liaison avec les autres. Ce point de vue particulier est comme une équation spéciale d'une courbe. Dans chaque monade il y a une dualité à distinguer. Il y a une partie de l'univers que cette monade distingue d'une manière diverse et une autre partie qu'elle distingue d'une manière commune. C'est dans les perceptions confuses qu'est le lien avec les autres monades : c'est le général, ce continu dont nous avons parlé, cette somme indistincte d'une infinité d'unités. Voilà l'équivalent de la matière des Anciens.

La substance de Leibniz est double ; elle renferme une dualité : *forme* et *matière*. La *forme* consiste dans les perceptions distinctes de la monade, dans son point de vue. La *matière* réside dans ses perceptions confuses : c'est le général, l'indéterminé relatif ; elle est par là même le lien, le trait d'union entre une monade et les autres monades.

Au-dessous de la monade se trouve le corps organique de cette monade. Une monade gouverne un ensemble de monades qui constitue un corps organique. La monade a avec elle un corps organique, c'est-à-dire un ensemble de monades qui lui sont subordonnées. Elle est un *lien substantiel*, un *vinculum substantiale* pour le corps organique, qui est l'enveloppe de la monade.

3° Les Phénomènes. — Il reste, au bas de l'échelle des êtres, les corps proprement dits, les *phénomènes*. Ce ne sont point des substances. Au-dessous des substances organiques il y avait les substances inorganiques. Mais les phénomènes extérieurs, les phénomènes mathématiques de la matière, ne sont plus des substances, mais auront encore quelque chose des substances. Dans les composés, il y a quelque chose qui « symbolise », qui imite « les simples », c'est la *liaison mathématique* telle que l'entend Leibniz ; c'est la liaison établie par le calcul infinitésimal : c'est de là que vient le *phenomenum bene fundatum.*

Ce qui est le phénomène pur, l'abstrait pur, c'est le temps et l'espace purs et vides, c'est le possible pur. Cela *n'est* plus, c'est le *possible.*

Voici donc la série des êtres :

1° L'univers qui ne forme pas une unité à la manière de Spinoza, mais une harmonie de substances, une hiérarchie ;

2° Les substances proprement dites, les monades, formant une hiérarchie ;

3° Les corps organiques, condition du point de vue des monades et de leur individualité ;

4° Les phénomènes proprement dits des corps ;

5° Au-dessous des phénomènes, l'espace et le temps purs, qui sont l'indéterminé pur.

Apprécions cette doctrine.

C'est une doctrine mathématique. Mais Leibniz a singulièrement étendu le mot ; c'est une mathématique de l'existence, de la réalité.

Ce qui caractérise la nature des êtres, c'est l'*infini*, mais une certaine espèce d'infini. Depuis que le Christianisme avait apporté la notion de Dieu infini, l'infini des Anciens avait été rejeté.

Nous savons quelle est la différence entre les deux infinis.

L'infini des chrétiens est le sommet de l'être, c'est Dieu. C'est le contraire chez les Anciens. Entre ces deux infinis, Leibniz place l'infini propre aux créatures. Voilà ce qu'il y a de vraiment original dans sa doctrine.

L'infini, comme effort, est quelque chose de déterminé, et, en même temps, il est quelque chose qui ne peut pas devenir actuel. Chaque créature peut, en se développant, trouver un aliment éternel pour son action. L'univers tend vers la réalisation, impossible pour les créatures, de l'infini actuel, qui est Dieu. Les créatures sont des dieux en voie de développement. C'est un infini qui ne peut pas arriver à Dieu, mais qui y tend sans cesse.

Là se termine la première partie de la Philosophie progressive de Leibniz.

CHAPITRE XVII

LEIBNIZ

Théorie du développement

Nous étudions la nature des choses suivant une méthode *a priori,* en allant des causes aux effets, de Dieu au monde. C'est là la philosophie progressive de Leibniz. Elle comprend deux parties : une marche *descendante,* où l'on voit comment les êtres sortent de Dieu, suivant quelles lois les créatures sont produites par le Créateur, et une marche *ascendante* ou *de retour* qui nous montrera le progrès des créatures vers Dieu, comment les êtres s'élèvent de la perception confuse à la perception distincte, comment s'effectue le retour vers Dieu. C'est en cela que consiste, suivant Leibniz, l'histoire du monde, son développement, en sorte que les deux parties que nous avons distinguées dans la Philosophie progressive seraient assez bien appelées, l'une, théorie de la Création, et, l'autre, théorie du *Développement.*

I.

En quoi consiste ce développement ?

Dieu crée. L'action divine est une création. Cela veut dire que Dieu agit d'après des idées distinctes, en ayant devant son entendement un objet dont il a la perception claire, en se proposant une fin dont il a une conscience distincte. Dieu a une manière de créer analogue à celle de l'artiste. La Nature se distingue de l'Art en ce qu'elle agit en vertu d'instincts obscurs, tandis que l'Art est dirigé par des idées claires. Cette théorie est propre au XVIIe siècle. Plus tard, surtout en Allemagne, on l'a combattue et on a fait la part à l'inspiration, c'est-à-dire aux idées obscures. L'Art est dirigé par les idées claires, tandis que la Nature est dirigée par des idées confuses, des instincts ; l'Art observe les règles. Boileau, par exemple, donne les règles de l'Art d'écrire en vers, l'*Art poétique*. Voilà la création divine. Inverse est le développement propre aux créatures ; c'est un progrès qui part de l'instinct pur, confus, inconscient, pour s'élever à la conscience de soi-même et des choses. C'est un progrès, tandis que la création divine est un passage du parfait à l'imparfait.

Ce développement est à la fois spontané et réglé, *spontané*, en ce sens que chaque créature se développe en vertu d'un principe interne, *réglé*, en tant que ce développement peut être calculé d'avance. Il n'y a point de libre arbitre dans les créatures, qui leur permette d'agir contre les lois ; d'où le déterminisme.

Comment se concilient ces deux caractères : *spontanéité* et *déterminisme ?* — Ce qui, pour la créature, est inconscient est, au fond, idée claire et finalité. Dieu connaît d'avance, de toute éternité, le développement dont toutes les créatures sont capables et qu'elles accompliront. Le passage du moindre au mieux, dans les créatures, n'est pas autre chose que l'effort pour connaître Dieu distinctement, ou, pour mieux dire, les idées qui forment le fond de sa nature.

Théorie subtile, surtout telle qu'elle est chez Leibniz.

L'être véritable, le fond de l'être, ce sont les perceptions distinctes qui sont dans l'entendement divin ; ce sont les lois parfaitement entendues par Dieu. Ces lois se manifestent dans des individus qui, dans leur état primitif, n'en ont pas conscience. Les créatures sont des expressions de ces lois sans le savoir ; l'homme, et surtout les êtres inférieurs, ne se doutent pas des lois de la géométrie qui se réalisent en eux. Le progrès consiste à prendre conscience de ces lois, et chaque individu arrive à en prendre plus ou moins conscience selon sa nature ou sa constitution.

Le développement est donc réglé par une vérité préexistante. Sous mes perceptions confuses il y a les perceptions distinctes de Dieu. Le passage de la perception confuse à la perception distincte n'est autre chose que la prise de possession par moi, par l'individu, des perceptions distinctes qui sont au fond des perceptions confuses.

II.

Cette théorie du développement de Leibniz est analogue à la théorie évolutionniste actuelle.

L'évolutionnisme consiste à partir du confus, de l'indéterminé, pour aller au déterminé et vers la connaissance. L'histoire du monde est ce progrès, et, ce progrès, on le considère également comme régi par une loi. Les évolutionnistes ne croient pas que les êtres soient abandonnés à leur initiative individuelle. Il y a une finalité. La fin sera la parfaite correspondance entre le milieu et l'individu, et la parfaite représentation des lois de l'univers dans une conscience.

Des deux côtés il y a évolution et loi ; des deux côtés, la fin est dans une loi préexistante. Les évolutionnistes appellent cette loi la loi de l'univers, et, comme chez Leibniz, l'individu doit arriver à la connaître. La ressemblance est donc très grande entre les deux doctrines.

Il ne faut cependant pas identifier le *développement* de Leibniz avec l'Evolution actuelle. Leibniz veut d'abord que tous les degrés de la perfection soient réalisés et se conservent dans l'univers. Il ne croit pas que l'univers soit abandonné à une simple loi de lutte pour l'existence, d'après laquelle les plus faibles succomberaient ; il estime qu'il y a une harmonie, une continuité entre les natures individuelles, propre à réaliser une harmonie esthétique créée et maintenue par Dieu dans l'univers ; il pense que tout est compatible avec cette harmonie. De plus, les lois de l'univers sont une mathématique divine, c'est-à-dire une mathématique où il entre une morale, qui satisfait à la fois les besoins de l'entendement et ceux de la volonté.

Voilà les différences qui séparent le développement de Leibniz et l'évolution actuelle.

Dans le système du *développement*, quels sont les rapports de l'inférieur et du supérieur ? — En un sens, l'inférieur ne suppose pas le supérieur, c'est-à-dire que, selon le système de Leibniz, un être peut posséder le sentiment sans posséder la pensée, la vie sans posséder le sentiment. Pour Descartes, le sentiment supposait la pensée ; pour Leibniz, les animaux peuvent sentir sans penser. Mais il s'agit, dans Leibniz, de la perception pour l'individu, de la perception-sujet ; c'est dans l'individu, dans le sujet, que l'inférieur ne suppose pas le supérieur. Leibniz est cartésien, si l'on considère les choses en soi, dans leur réalité absolue. L'instinct n'est, au fond, pour Leibniz, qu'un ensemble d'idées confuses ; le sentiment n'est *en soi* qu'une raison imparfaite. Il faut donc distinguer deux ordres de choses, les choses *en elles-mêmes* et les choses *dans l'individu*, comme assemblage de perceptions distinctes. L'inférieur suppose le supérieur, *en soi*, non pour l'individu. Pour l'individu, c'est par un progrès, qui n'est nécessaire que moralement, qu'il peut s'élever de la perception confuse à la perception distincte.

Je proposerai donc de distinguer trois espèces de perception. Peut-être ces termes aideront-ils à se reconnaître dans le monde de Leibniz :

1° *Perception distincte* EN SOI (qu'on peut appeler la connaissance claire et distincte) ; perception telle qu'elle existe en Dieu ; manière dont Dieu connaît les choses, les lois de la nature, telles qu'elles sont dans l'éternité ; perception-objet ;

2° *Perception distincte* POUR L'INDIVIDU ; perception-sujet ;

3° *Aperception* ; c'est la perception-sujet à son maximum de perfection et de clarté, la perception qui, dans le sujet, rejoint la perception divine et coïncide avec elle.

Ainsi, il y a la manière dont Dieu connaît les choses, ou perception-objet, puis la perception-sujet, telle qu'elle existe dans l'individu créé, et, enfin, l'aperception, le plus haut degré de perception que comporte la créature.

Cette distinction nous permettra de mieux comprendre ce qui suit.

Le développement de l'être créé comporte un certain nombre de degrés que je vais indiquer en en nommant les principaux. En réalité, il y en a une infinité, une continuité parfaite, mais où l'on peut distinguer quelques étapes. Avant même que n'apparaisse l'être substantiel, il y a déjà des états qui sont comme la préparation de sa naissance, comme l'aurore de sa vie ; ce sont les degrés d'existence du monde des corps. Ce monde des corps est en-deçà du monde des substances, et n'existe pas encore véritablement. Le monde des substances commence avec les monades, et il y a trois degrés dans les monades : 1° *les vivants* ; 2° *les animaux* ; 3° *les êtres raisonnables*.

Ainsi, il y a quatre degrés d'existence : les corps, qui sont au-dessous des êtres véritables ; les substances, dont les vivants sont le plus bas degré ; les animaux ; les êtres raisonnables.

III.

Le monde des corps. — Que sont les corps ? Les monades vues du dehors. Ce ne sont pas les substances, ce sont les choses que se représentent les substances. C'est un assemblage de substances purement mécanique, c'est-à-dire par simple juxtaposition. Ainsi envisagées, les substances se comptent ; elles sont des unités homogènes, mais c'est un nombre infini, sans limites, ce qui serait absurde si les substances corporelles existaient en soi, et ce qui est légitime si les corps ne sont pas de véritables substances, mais de simples phénomènes, car alors on peut concevoir que les véritables substances sont capables de percevoir des corps indéfiniment. Voilà en quoi consiste véritablement le nombre infini des substances corporelles.

Il y a trois degrés dans la nature corporelle : 1° les qualités sensibles, perçues par les sens (odeur, couleur, etc.) ; 2° les qualités mathématiques, c'est-à-dire les déterminations de l'étendue ; 3° les qualités métaphysiques, telles que la force.

Quel est le mode d'existence de ces diverses qualités corporelles ? Leibniz répète constamment que les corps sont des *phénomènes bien fondés*. On croit qu'il entend par là que les corps, non seulement ne sont pas des substances, mais qu'ils n'existent pas en eux-mêmes. Souvent on incline trop dans ce sens et l'on fait Leibniz plus idéaliste qu'il n'est. On exagère peut-être, car, sans être des substances, les corps tiennent déjà de la substance.

Voici le problème. La loi de continuité régit tous les êtres, dit Leibniz ; régit-elle aussi le passage du phénomène à l'être ? Y a-t-il discontinuité entre le monde des phénomènes et le monde des substances ?

On croit d'ordinaire à cette discontinuité et Leibniz apparaît comme un idéaliste. L'est-il réellement ? — Leibniz dit expressément (GUHRAUER, *Gottfr. W. Fr. v. Leibnitz, eine Biographie*, I.) que la nature crée des intermédiaires, non seulement entre l'homme, l'animal et la plante, mais encore entre les corps organisés et les corps inorganiques. Leibniz n'a pas prétendu creuser un fossé entre les êtres et les phénomènes, pas plus qu'entre les différents degrés de l'être. La preuve en est dans la hiérarchie entre les qualités purement sensibles et les qualités métaphysiques. Là où il n'y a point d'être, il n'y a point de hiérarchie. Les qualités métaphysiques, la force, sont plus voisines de la substance que les qualités mathématiques et physiques. Il y a donc, dans les corps inorganiques, quelque chose qui annonce déjà la substance, l'être qui agit. « Les composés symbolisent avec les simples. » Qu'est-ce à dire ? Les composés ne sont pas des substances, mais rappellent la substance. Ils ne se suffisent pas à eux-mêmes ; ils semblent se suffire à eux-mêmes. En d'autres termes, il y a des lois mathématiques et des lois dynamiques spéciales pour le monde des sens, pour les substances différentes de la substance intelligente. Le monde inorganique s'explique par lui-même. Point n'est besoin pour comprendre la nature des corps inorganiques de s'élever jusqu'à l'intelligence, ni même jusqu'aux corps animés.

Cette théorie est très intéressante.— On dirait aujourd'hui : le mathématicien n'a pas besoin d'être métaphysicien. On peut considérer les qualités des corps comme s'ils se suffisaient. Ce n'est que lorsqu'on veut comprendre les principes des mathématiques qu'on a besoin de la métaphysique.

Reprenons la distinction de tout à l'heure entre la perception-objet et la perception-sujet. Dans le fond absolu des choses, les mathématiques dépassent l'individu ; en un autre sens, elles ne peuvent se passer de lui. Donc le monde des corps a une certaine réalité, mais il n'est cependant qu'au seuil de l'être véritable ; ils n'existent qu'en autre chose ou par autre chose. Ils n'existent pas en eux-mêmes ; ils n'existent que s'il existe des êtres, des sujets pensants. Otez les monades et les corps disparaîtront. Les corps n'ont qu'une individualité apparente. C'est l'analogue de l'existence de nos pensées en dehors de nous : nos pensées, séparées de notre esprit, n'existeraient qu'en elles-mêmes. De même le monde des corps est comme un objet qui se déroule devant des esprits et qui a ses lois propres.

IV.

Le monde des substances. — L'être véritable ne commence qu'avec les *monades.*

Voyons quelle est la nature des monades. — Pourquoi sont-elles des êtres et non des phénomènes comme les corps ?

— C'est que les monades forment des touts qui se tiennent, tandis que les choses sensibles ne semblent des individus que parce qu'elles sont trop en dehors les unes des autres.

Ce qui doit caractériser l'être, c'est la conciliation de l'universalité et de l'individualité. Un être véritable doit être un individu. Il faut que les êtres véritables soient des individus et tiennent en même temps les uns aux autres. C'est là l'objet principal de la philosophie de Leibniz. Il faut que tout soit lié pour que tout soit intelligible ; et, pour qu'il y ait des êtres, il faut des individus. Il ne faut pas que les êtres se réduisent à des modes, comme l'avait voulu Spinoza.

La pensée veut l'unité du tout, l'universalité ; la réalité veut l'individualité. Comment concilier ces deux exigences ?

L'universalité et l'individualité seront conciliées dans les êtres de la nature, qui sont des *centres de perception*. En cela ils sont des substances. L'objet de toutes ces monades, de tous ces esprits, sera un seul et même univers. Ils seront en communion entre eux par leur objet ; ils seront unis en Dieu. De plus, entre tous ces centres de perception, il y a de la continuité, comme entre toutes les équations possibles qui expriment une courbe ; ils se penseront les uns les autres.

Voilà comment le monde est intelligible tant dans ses éléments subjectifs qu'objectifs.

Mais que devient l'individualité ? — Il faut distinguer entre l'individualité réelle et celle d'une formule mathématique. S'il n'y avait en nous que des perceptions, l'équation d'une courbe serait un individu, tout abstrait, il est vrai, mais un individu. Mais il y a aussi en nous des appétitions, et c'est ce qui fait l'individualité réelle. — La solution de cette question est dans le passage de la perception à l'appétition. C'est par l'appétition que nous sommes des êtres réels. La perception (*expressio multitudinis in uno*) ne suffit pas.

Quel est le rapport de la perception et de l'appétition ? —

La perception, qui est l'essence de la monade, a son fondement dans l'entendement divin. C'est l'entendement divin particularisé. Rappelons que, chez Leibniz, cet entendement est *sujet* et non *objet*. Dieu est une puissance douée de deux facultés, une *puissance* qui est la base commune de l'entendement et de la volonté. Platon et Aristote eussent repoussé cette δύναμις qui était, selon eux, le fond de la créature. Cette puissance de Leibniz est la puissance infinie des Mystiques, l'infinie spontanéité que, sous l'influence du Néoplatonisme et du Christianisme, ils considéraient comme l'Etre. L'entendement divin est *action*, non acte pur, ni idée. Dieu vivant est l'action d'entendre.

Il suit de là qu'en l'homme la perception est aussi une action. Or la perception distincte est, selon Leibniz, réduite à son minimum dans la créature la plus imparfaite. Mais cette perception distincte, réduite à son minimum, est accompagnée d'une infinité de perceptions confuses, et les perceptions confuses ayant leur fondement, comme les distinctes, dans l'entendement divin, il y a en elles-mêmes un commencement d'action. Il en résulte que les perceptions confuses se manifestent sous forme de *tendances*. La tendance est donc l'ensemble des perceptions confuses qui sont en moi et que je ne connais pas en tant que perceptions. Pour Dieu, ce sont des *lois*, pour moi, des instincts.

Comme, dans la créature, la perception est incomplète, comme néanmoins elle doit représenter tout l'univers, elle a, à côté des perceptions distinctes, une infinité de perceptions confuses. *C'est la tendance qui fait l'individualité.*

Voilà la théorie de Leibniz sur la monade. Voilà l'être tel qu'il le conçoit, à la fois individuel et lié à l'univers entier.

V.

Voyons maintenant les degrés de l'échelle des monades.

A son degré inférieur, la *monade nue* n'a qu'un minimum de perception, c'est-à-dire qu'elle ne se représente à elle-même qu'une portion infiniment petite de l'univers. L'être, à son minimum de perfection, est encore infiniment peu adapté à l'univers. Dans cette monade, la part de perception est infiniment petite par rapport à l'appétition, mais si l'appétition l'emporte sur la perception, la différence entre une telle substance et la simple force, qui fait le fond des corps inorganiques, est plus petite que toute quantité donnée. La substance, à son minimum de développement, est à peu près dépourvue de connaissance, c'est un instinct à peu près aussi aveugle qu'on le peut concevoir : elle diffère infiniment peu de la force brute : voilà la *monade nue.* — Elle est presque quelque chose d'extérieur ; cependant elle a un germe infiniment petit qui ne pouvait pas résulter du monde inorganique, de l'inférieur. Au point de vue de la *production,* ce ne sont pas les corps bruts qui produisent l'être vivant. Mais comme le fond des choses, ce sont les lois de la nature, telles qu'elles existent en Dieu, la hiérarchie des corps bruts amène, par des transitions insensibles, à l'existence des êtres vivants, sans qu'on puisse tirer le vivant de l'inorganique.

Il s'agit maintenant de savoir comment les monades vont se développer, acquérir une perception des choses de plus en plus distincte, comment du *perceptum* nous passons au *percipiens,* comment la monade pourra s'élever au maximum de perceptions distinctes.

Le progrès se fait au moyen d'un corps organique. Un être qui n'aurait pas un corps serait réduit à ce minimum de perception et à ce minimum d'appétition dont nous avons parlé plus haut. Qu'est-ce qu'un corps organique ? C'est un ensemble de monades subordonnées à une monade centrale. Le corps brut est jusqu'à un certain point une machine. Au contraire, les corps organiques sont organisés à l'infini jusque dans leurs plus petites parties. Si l'on divise un corps organique, on n'arrive jamais à l'inorganique absolu, à quelque chose de brut qui est un simple produit et qui n'exerce pas une fonction.

Quel est le rôle du corps organique ? Le corps organisé

« ramasse » les actions extérieures et crée ainsi un milieu particulier qui correspond au milieu extérieur. Il rend l'individu propre à exprimer le monde extérieur d'une façon aussi complète et aussi permanente que possible. C'est une image du monde, par laquelle nous nous adaptons à lui. Or, tandis que le corps organique reçoit, recueille les actions extérieures, la monade, l'âme qui préside à ces mouvements, a la faculté de se représenter les actions, de les connaître. Plus notre corps a d'ouvertures sur le dehors, plus il est muni d'organes centraux qui recueillent les traces des actions extérieures, plus notre âme peut connaître. Voilà le rôle du corps extérieur.

Ainsi s'explique aussi l'harmonie entre l'âme et le corps. Nous avons donné, dans la première partie de ce cours, la justification *a priori*, l'origine métaphysique de la doctrine de l'Harmonie Préétablie. Nous la déduisons maintenant de ses causes, de ses principes : nous voyons comment, dans le fond, les monades correspondent entre elles. Cette harmonie existe pour toutes les monades centrales de l'univers. Toute monade qui arrive à représenter, à prendre conscience des lois de l'univers est accompagnée d'un corps. C'est grâce à ce corps qu'elle devient aussi un centre de perception et qu'il y a correspondance entre le monde inorganique et le monde spirituel. Ce sera donc le degré de perfection de ce corps qui mesurera la capacité de la monade centrale.

Il y a donc trois degrés dans les êtres :

Le premier est constitué par les *vivants*, composés d'une monade, que Leibniz appelle *entéléchie*, et d'un corps organique, dont les plantes offrent le type ;

Le deuxième comprend les *animaux*, composés d'une âme et d'un corps doué de sens ;

Le troisième est celui de l'*animal raisonnable* ou de l'*homme*, composé d'une âme douée de raison et d'un corps plus parfait, capable de fournir, avec ses organes supérieurs, non seulement aux besoins de la mémoire, mais encore à ceux du raisonnement.

CHAPITRE XVIII

LEIBNIZ

La hiérarchie des êtres
La théorie de l'Entendement

Nous étudions la deuxième partie de la philosophie progressive de Leibniz ; nous voyons comment les créatures s'élèvent à la condition la plus voisine de celle du Créateur lui-même, c'est-à-dire des perceptions les plus confuses aux perceptions les plus distinctes.

J'ai parlé d'abord du monde des corps qui se trouvent en-deçà de l'existence véritable, qui n'existent pas encore véritablement. Mais il y a une hiérarchie de natures qui, du voisinage de rien, s'approchent autant que possible de la monade, en tant qu'elles ont la force. Cet élément du monde des corps, qu'on appelle la force, n'a pas encore d'existence en soi et cependant confine à l'existence.

L'être véritable commence au moment où à la force s'ajoute un élément qu'elle n'implique ni n'explique : la *perception*. Il doit y avoir un rapport inverse entre la quantité d'appétition et la quantité de perception. A un minimum de perception correspond un maximum d'appétition dans la monade nue. Elle est presque encore une force physique ; mais ce n'est plus la force, c'est l'appétition qui caractérise l'élément actif de la monade.

La monade nue est donc une perception. Mais pour que cette perception puisse se développer et que d'infiniment confuse elle devienne distincte, il faut que la monade appelée à ce progrès soit l'âme d'un corps. Il n'y a de progrès, de développement que dans une monade qui domine un organisme. Point d'âme sans corps. La monade nue n'est encore qu'une abstraction. Ce qui existe, c'est une monade capable de progrès, et, par conséquent, associée à un corps organique.

Examinons les différents degrés d'êtres véritables, constitués par des âmes associées à des corps. Il y en a trois : 1° les *vivants* ; 2° les *animaux* ; 3° les *animaux raisonnables* (hommes).

Hiérarchie des êtres

Tous ces êtres seront constitués par une âme et un corps dont les manifestations doivent être harmoniques avec les modifications de l'âme.

1° Les vivants. — Le vivant est constitué par une monade dominatrice, qu'on peut appeler *entéléchie*, et un corps organique, encore incapable de concentrer les impressions extérieures. L'entéléchie, qui est l'âme du vivant, ne se confond pas avec la monade nue, de même que la perception qui caractérise la monade ne peut pas s'expliquer par le simple mécanisme. Considérez l'essence d'une monade nue ; elle ne peut pas par elle-même, d'elle-même, devenir l'entéléchie d'un vivant. Il faut que dans cette monade, considérée comme possible, préexiste l'aspiration à la vie.

Les entéléchies, qui sont les âmes des vivants, sont certaines monades choisies par Dieu pour constituer la vie. Qu'est-ce qui caractérise la vie, et pourquoi la vie ne peut-elle pas résulter mécaniquement de la perception pure et simple, c'est-à-dire de la faculté d'exprimer dans un état interne les choses extérieures (*expressio multorum in uno*) ? C'est que, dans la vie, il y a quelque chose de plus qu'une simple expression ; il y a la tendance à continuer à exprimer les choses extérieures à un point de vue déterminé. L'être vivant a déjà une identité et une unité que n'a pas la monade pure et simple. Dans la monade pure et simple il n'y a qu'unité en soi et pas pour soi ; elle n'est pas encore un individu. C'est cette persistance d'un mode déterminé d'expression qui fait que la vie n'est pas une suite pure et simple de la perception et constitue un degré de réalité supérieure et logiquement irréductible à la perception pure et simple. En revanche, il ne faudrait pas, comme les Animistes par exemple, considérer la vie comme un effet du sentiment ou de la raison. Quand il s'agit de l'existence dans le temps, de l'existence réelle, l'inférieur ne suppose point le supérieur. La perception qui caractérise l'être vivant peut exister sans que que les perceptions qui caractérisent l'être sentant ou raisonnable en forment la substance. Ainsi nous-mêmes, dans des cas de sommeil persistant (sommeil profond, léthargie), nous n'avons aucune conscience, aucun sentiment, et cependant nous avons encore la vie. Le sentiment lui-même suppose la vie. Le sentiment se superpose à la vie dans la nature, et ce n'est pas la vie qui se superpose au sentiment.

Ainsi les êtres vivants ont une existence au-dessus de la monade nue, entre l'être senti et l'être sentant. Quel est le caractère de la vie ? — Elle s'élève jusqu'au seuil du sentiment, elle va jusqu'à l'imiter ; mais elle ne peut par ses propres forces aller jusqu'à lui.

2° Les animaux. — Au-dessus du vivant est l'animal. L'animal possède une âme qui est comme une monade centrale. L'âme de l'animal est proprement ce qu'on appelle une âme. Le corps organique de l'animal est déjà doué de sens. Grâce à ses organes, l'animal reçoit et concentre en lui-même les actions extérieures, et le résultat de ces concentrations est le souvenir. Le souvenir est lié au sentiment, qui est la faculté essentielle de l'animal. L'animal est l'être sentant, capable de souvenir, par là même capable de prévision, car l'avenir ressemble au passé. Le souvenir est irréductible à la vie, comme le sentiment. La plante qui n'a que la vie vit exclusivement dans le présent ; elle est mise en harmonie avec le milieu dans lequel elle doit vivre, mais elle n'a pas d'expérience individuelle. L'animal a une expérience individuelle ; il se souvient et il peut prévoir. Ainsi l'animal fuira, si on veut le battre. Si l'âme est irréductible à la vie chez les animaux, en revanche, il ne faudrait pas croire, avec les Animistes, que cette âme, au fond, soit raisonnable. Le sentiment et la mémoire peuvent exister sans la raison. C'est ce que nous prouve notre expérience journalière : nous sommes empiriques dans la plupart de nos actions ; nous agissons constamment comme le chien qui fuit devant le bâton qui va le frapper, sans réflexion et sans calcul.

Ainsi notre expérience nous montre la possibilité du sentiment sans la raison, tandis que la raison a besoin du sentiment. Mais la raison ne résulte pas du sentiment. Ici encore le raisonnement vient corroborer l'expérience. L'homme suppose l'animal, soit dans l'exercice de l'intelligence, soit dans celui de la volonté. L'homme ne peut manifester sa raison qu'à l'aide des données des sens et des impressions laissées par les faits.

Cette âme douée de sentiment et de mémoire est capable de « consécutions », d'actions qui pourront s'approcher de la raison et l'imiter ; mais jamais l'animal n'arrivera jusqu'à la raison proprement dite. Tel animal peut simuler la raison et apparaître comme raisonnable sans avoir la raison.

3° Les Hommes. — L'homme est le type même de l'animal raisonnable. L'homme est composé d'une âme et d'un corps, d'une monade centrale et d'un cortège d'autres monades. Ce corps est le plus parfait que nous connaissions : il n'a pas seulement des organes des sens, il a encore des centres nerveux, des nerfs qui rendent possible le mecanisme qui doit correspondre à la raison.

Ne nous occupons que de *l'âme de l'homme*, et distinguons-en les éléments essentiels.

Toute monade, avons-nous dit, possède deux facultés essentielles : *perception* et *appétition*. L'appétition est, dans la monade, le substitut des perceptions distinctes qui font défaut. L'appétition est la transition entre la perception confuse et la perception distincte. Si toutes les perceptions d'une monade devenaient distinctes (ce qui n'est possible qu'en Dieu), l'appétition se changerait en volonté parfaite. La volonté, c'est la tendance adéquate à la perception. L'appétit est la somme d'une infinité de perceptions confuses. Ces éléments se retrouvent dans la monade qui constitue l'âme humaine, et y deviennent l'Entendement et la Volonté.

Théorie de l'Entendement ou de la Connaissance

I.

Selon une école très ancienne et dont la doctrine vient d'être renouvelée, du temps de Leibniz, par Locke, toutes nos connaissances viennent de l'expérience. Leibniz ne peut pas souscrire à cette doctrine : il l'étudie en elle-même et il veut en donner une idée qui ne soit pas subordonnée à ses propres principes.

Toutes nos connaissances, dit Locke, viennent de l'expérience. Cela peut être admis en un sens, car il n'y a rien dans l'entendement qui n'ait été donné dans les sens. Mais l'entendement lui-même résulte-t-il des sens ? La sensation, nous l'avons vu, ne dérive pas de la vie ; il est clair que la raison ne doit pas non plus dériver purement et simplement de la sensation. Dans l'entendement humain, en effet, il y a les connaissances mathématiques que Locke n'a pas examinées. Leur universalité et leur nécessité ne peuvent pas s'expliquer par la simple sensation. C'est un fait que nous avons la propriété de démontrer certaines choses de telle façon que la vérité en soit établie pour tout esprit et dans tous les temps. Qu'est-ce donc que cet entendement qui ne peut pas résulter de la pure sensation ? Si c'était simplement la faculté d'assembler les données de la sensation, la sensation pourrait, en définitive, être la base de la connaissance. Les Anciens, qui n'ont mis dans la raison que le seul principe d'identité, ont bien déjà distingué la raison des sens. Mais alors la part de la raison était petite. Pour Leibniz, la raison a un contenu plus riche que ne l'ont supposé les Anciens ; elle contient encore le principe de raison suffisante.

C'est à l'aide de ces deux principes, dont le second est plus concret, plus positif que le premier, et qui ne se ramènent pas l'un à l'autre, que la raison ordonne ses connaissances. En outre, la raison a un contenu ; elle trouve en elle-même certaines notions, telles que les notions d'être, de substance, d'activité. Si je puis distinguer le rouge du bleu par le principe d'identité, c'est que l'expérience me les donne séparés, distincts. — Locke prétend, il est vrai, que nous concevons toutes ces notions et tous ces principes en même temps. — Il reste néanmoins à savoir s'ils pourraient naître ailleurs que dans notre esprit et si nous ne les trouvons pas dans l'expérience, précisément parce que nous les y mettons. Ainsi la raison apparaît comme irréductible à des sensations. — Mais cependant, affirme Locke, nous ne constatons chez les enfants, les ignorants, les sauvages, aucune connaissance qui ressemble à ces prétendus principes. Ces prétendues connaissances que vous attribuez à l'homme sont inconnues chez eux ou ils ne les acquièrent qu'à la suite d'un long travail. L'humanité n'en a pris conscience que grâce aux analyses des philosophes. — Cette objection, répond Leibniz, serait valable contre les Cartésiens qui pensent qu'il n'y a rien dans l'âme que ce dont l'âme s'aperçoit. Mais est-il bien vrai qu'il n'existe dans notre esprit que ce dont il a une conscience claire ? Ne pouvons-nous pas être plus riches que nous le supposons ?

Nous avons parlé de perceptions confuses qui ne supposent pas de perceptions distinctes. Des perceptions inconscientes sont possibles dans l'âme humaine. Leibniz les appelle les « petites perceptions ». Elles sont autre chose que les simples perceptions vitales, que les perceptions qui constituent le sentiment chez les vivants et les animaux. Les perceptions des vivants et des animaux ne pourraient pas, par leur développement, engendrer ce qu'on appelle la raison. Il s'agit de perceptions qui, en se déployant, deviennent ce que nous appelons la raison. C'est une raison inconsciente dont Leibniz cherche à établir la nature et la réalité en nous. Il veut prouver que nous raisonnons même sans nous en douter. Que nous sentions, que nous ayons des habitudes empiriques, on l'accordera facilement, mais ce que nous voulons établir, c'est l'existence dans l'homme d'une raison inconsciente. Leibniz en donne pour preuve la musique qu'il conçoit comme un ensemble de rapports mathématiques. L'harmonie est un rapport numérique de vibrations. Pour saisir l'harmonie, il faut compter ces vibrations, les comparer les unes avec les autres, faire un travail mathématique. Le plaisir que nous fait éprouver la musique ne peut pas s'expliquer autrement que par un calcul inconscient, *calculus nescientis calculare animi.*

Le raisonnement vient, encore ici, confirmer les données de l'expérience. Comment construire des syllogismes, si les données de ces raisonnements ne nous étaient fournies par les sens, par des inductions, par des raisonnements anticipés ? L'induction est la transition entre ce calcul purement inconscient et la déduction. L'induction précède toujours la déduction et l'induction est le prolongement de ce calcul inconscient. Voilà donc établie la raison inconsciente.

Si une telle raison est possible, il est certain qu'elle existe. Ce n'est point, comme l'ont supposé certains Cartésiens, la réminiscence platonicienne. L'homme ne trouve aucune vérité toute faite dans son esprit. C'est par un travail que nous arrivons à constituer les vérités. La raison est la connaissance de l'universel en puissance. Le travail même de la démonstration en est la preuve. Ainsi la raison est irréductible au sentiment, mais elle le suppose. La raison n'existe que comme *virtualité* ; en ce sens seulement elle est innée. Dieu a donné à l'homme la puissance de raisonner, mais il lui appartient de la développer, de lui faire donner tous ses fruits.

Voilà la raison humaine, son existence et sa nature.

II.

Voyons comment se développe la raison humaine, comment elle passe à l'acte, quels sont les degrés de la connaissance humaine, à quel terme aboutit l'esprit humain, sous quel aspect se présentent à lui les choses qu'il connait.

Premier degré de la connaissance. — Le premier degré est l'*Expérience,* c'est-à-dire la connaissance à l'aide des sens. L'expérience humaine est autre que celle de l'animal. L'expérience de l'animal ne va pas au-delà de la consécution, qui unit le particulier au particulier. L'expérience de l'homme va du particulier au général. Par l'expérience, l'homme arrive à connaître de mieux en mieux les propriétés de la nature, les qualités des choses. A mesure que se développe la faculté de connaître le général, à mesure la nature nous apparaît comme plus intelligible. Par là même l'homme rapproche la nature de lui-même et se l'assimile jusqu'à un certain point. A mesure que se développe la science, à mesure la nature perd davantage le caractère d'hétérogénéité qui distingue la qualité.

Ainsi l'expérience est une première assimilation des choses, mais combien incomplète ! Les qualités sensibles, qui sont les matériaux de l'expérience, sont irréductibles les unes aux autres, hétérogènes. Il n'y a point de continuité concevable entre un son et une couleur, par exemple. Considérées au point de vue subjectif, les diverses couleurs elles-mêmes n'offrent point de réductibilité. Il y a autant de sensations distinctes qu'il y a d'objets dans la nature. Comment assimiler à l'esprit une multiplicité où la continuité ne peut pas être introduite ? L'expérience nous met en communication avec la nature tout entière, et chaque événement retentit au sein de l'âme humaine. Mais le monde des sens nous apparaît toujours comme une chose hors de nous, et l'esprit ne peut pas le *manier* à son gré. L'esprit voit quelque image de sa nature dans le monde extérieur ; mais il n'y a pas encore assimilation. L'homme est en face de quelque chose d'irréductible à lui même. Les perceptions confuses sont encore tellement confuses que l'esprit les pose en dehors de lui comme quelque chose d'étranger et d'autre. Le monde des sens nous apparaît comme en dehors de nous, comme un objet, comme une chose.

Ainsi, l'expérience atteint, dans une certaine mesure, à la connaissance des choses, mais elle laisse l'homme en face d'un objet où l'esprit ne peut se reconnaître. Il n'y a là qu'un premier pas vers la connaissance ; nous ne connaissons les choses que du dehors. Il y a encore dualité entre elles et nous. La correspondance pourra peut-être devenir de plus en plus grande ; peut-être arriverons-nous à voir que, dans l'espace infini, il n'y a pas autre chose que la projection de notre propre nature.

En somme, l'expérience tient à la fois de la nature de l'esprit et de la nature du monde extérieur.

Deuxième degré de la connaissance. — Mais un autre mode de connaissance aboutit à des résultats absolument supérieurs à ceux de l'expérience ; ce sont les *mathématiques,* science absolument constituée *a priori.* L'esprit tire de son fonds les principes des mathématiques ; dès lors il opère sur des matériaux parfaitement maniables et appropriés à sa nature, car ce sont des symboles dont il est l'auteur. Il constitue ainsi une science qui a, au plus haut degré, le caractère de l'intelligibilité, qui n'a plus rien de brut. Elle est l'œuvre même de l'esprit et en jaillit spontanément. L'esprit s'y reconnaît, puisque c'est son travail qui fait la substance de ce monde idéal.

Mais ce monde est-il réel ? Le monde mathématique, sorti

de l'esprit de l'homme, va-t-il rejoindre la réalité ? L'expérience avait au moins l'avantage de nous placer en face de la réalité. Les Cartésiens ont cru que les mathématiques étaient la réalité ; mais ils ont considéré les choses trop superficiellement. Les mathématiques, en effet, sont enfermées dans l'universel. Elles ne peuvent pas rendre raison du contingent, de l'individuel, c'est-à-dire du réel. L'expérience nous donne la réalité. Les mathématiques ont l'avantage d'être fondées sur l'activité même de l'intelligence, mais elles nous laissent dans l'abstrait.

L'expérience était impuissante à nous faire sortir du réalisme ; les mathématiques nous enferment dans un idéalisme abstrait. Par les mathématiques nous n'avons la connaissance que de l'ordre des possibles.

Reste à connaître l'ordre des existences. Nous rencontrons ici l'idée capitale de la philosophie de Leibniz, celle qui constituera son œuvre propre, l'idée de réunir l'expérience et les mathématiques d'une façon plus profonde que les Cartésiens. Il ne s'agit pas, comme l'a fait Descartes, de sacrifier l'expérience aux mathématiques ; il faut arriver à connaître *a priori* non seulement l'universel, mais encore l'individuel, l'individuel même que constate simplement l'expérience. Alors disparaîtra ce fantôme de choses que les sens et l'expérience placent devant la raison.

Comment Leibniz a-t-il eu une pareille idée ?

III.

Ici se place le *Calcul infinitésimal.*

Il y a du divin dans chaque objet de la nature, et ce divin est l'infini. Il faut pouvoir soumettre l'infini au calcul, afin de déterminer par l'intelligence l'individuel, le particulier et le réel. Le calcul infinitésimal est le type du passage d'une chose à une autre chose hétérogène, pourvu qu'on entende cette chose d'une certaine manière. C'est par l'infiniment petit en action, c'est-à-dire par ce qui est plus petit que toute quantité donnée, qu'on peut établir la continuité entre des choses qui apparaissent comme hétérogènes.

L'infiniment petit, ce ne sera point l'*atome*, qui contient déjà ce qu'il faut expliquer ; ce ne sera pas non plus le *point* des mathématiciens, car il n'a aucune grandeur. L'infiniment petit est une quantité qui diminue de manière à être plus petite que toute quantité assignable. Leibniz estime donc qu'il a réalisé cette explication de l'individuel, du particulier dans l'ordre des grandeurs, à l'aide du calcul infinitésimal. Ce calcul est le type du raisonnement métaphysique, en vertu duquel l'esprit peut relier les types les uns aux autres. Il nous permet de constituer une infinité de transitions entre les types abstraits et généraux et les êtres réels ; c'est le calcul philosophique.

Le calcul philosophique nous donne une idée de ce que Leibniz entendait par le calcul infinitésimal. En somme, le raisonnement mathématique et le raisonnement métaphysique sont fondés sur le principe du meilleur. En employant ce mode de raisonnement nous pouvons arriver à comprendre non seulement comment les choses sont d'une manière générale, mais pourquoi chaque individu est ce qu'il est.

L'homme peut-il arriver à s'assimiler l'être, la réalité, par le raisonnement ? Non, parce que ce raisonnement lui-même, l'homme ne peut le faire sans symboles, et que les symboles sont encore des éléments étrangers à l'esprit, interposés entre l'esprit et la réalité. Celui-là seul pénètre entièrement les choses, les voit véritablement, qui peut les comprendre sans symboles, sans raisonnement, qui les voit par intuition intérieure. L'intuition intérieure est la connaissance de l'activité par l'activité elle-même. Ce mode de connaissance n'appartient qu'à Dieu. Pour nous, les symboles sont nécessaires. Nous ne pouvons que raisonner indéfiniment ; nous diminuons la différence infinitésimale au-delà de toute quantité assignable, mais jamais il ne nous est permis de voir l'être face à face. L'idéalisme est le dernier mot de la doctrine de Leibniz ; mais Dieu seul a le droit d'être idéaliste. Pour nous, il y a toujours un minimum de matière interposé entre l'être et nous ; c'est le symbole mathématique de l'infiniment petit, relatif aux différentes espèces d'êtres.

Telle est la théorie de la connaissance de Leibniz.

IV.

D'après cette théorie, Locke et Descartes n'ont pas seulement tort l'un et l'autre ; ils ont encore raison l'un et l'autre.

La Philosophie de Descartes est plus vraie qu'il ne le croyait lui-même. Descartes n'a voulu voir dans la connaissance humaine que la connaissance de l'universel. Nous ne sommes pas enfermés dans le général et l'abstrait. Nos sensations elles-mêmes sont innées en nous, et c'est par un développement spontané, interne, que nous connaissons, en réalité, l'individuel. La connaissance de l'individuel lui-même est innée en nous. Descartes voulait faire reposer la connaissance du particulier sur la volonté de Dieu, mais cette connaissance est elle-même innée. De l'innéisme cartésien à la connaissance de l'individuel et du contingent, il y a loin. Pour Leibniz, au contraire, la chose individuelle n'est qu'un ensemble de perceptions distinctes.

Mais Locke a raison également. Il est parfaitement vrai que l'expérience conduit à la réalité, que la nature est un acheminement vers l'intelligence. La nature est une tendance vers le vrai. L'expérience est une raison qui s'ignore. Il n'y a donc rien d'étonnant si l'instinct et l'expérience sont d'accord avec la raison. Donc, grâce à ce pouvoir de tirer de lui-même une connaissance distincte de l'universel, l'homme réussit, et réussit seul, à se faire une idée du fond des choses. Il n'arrive pas à voir que l'activité de l'esprit, que l'esprit est le fond des choses, mais il sait que cette connaissance parfaite existe quelque part. Il s'achemine indéfiniment vers cette connaissance qu'il comprend devoir exister en Dieu.

Ainsi, l'expérience est bien le premier degré de la connaissance, parce que l'expérience est une raison inconsciente.

Il y a donc deux modes de connaissance :

1° La connaissance *inconsciente* ; 2° la connaissance *consciente*.

La vie est un acheminement vers le sentiment, le sentiment vers la raison, et la vie, dès son plus bas degré, va vers la raison.

Nous voyons, en définitive, dans la nature, un Dieu qui s'ignore et qui, en l'homme, s'approche de la perception distincte de sa propre nature et diminue indéfiniment la distance qui l'en sépare.

CHAPITRE XIX

LEIBNIZ

Théorie de la Volonté

Le sujet est très connu. Nous n'insisterons pas sur les parties déjà traitées, et nous attirerons l'attention sur les parties les plus difficiles.

La théorie de la volonté est tout naturellement le pendant de la théorie de l'intelligence. Rappelons les résultats de notre dernière leçon. L'entendement ne se ramène pas à la perception telle qu'elle existe chez les animaux, c'est-à-dire à la perception caractérisée par la mémoire. L'entendement se ramène à la raison, à des principes nécessaires et universels. D'un autre côté, l'entendement humain n'est pas inné en nous à l'état de connaissance parfaite et achevée. Aucune idée n'existe toute faite en lui. Il doit toujours y avoir un travail original, de création. En outre, il est une faculté, une puissance, et non pas une somme de connaissances toutes faites.

Nous avons vu en quoi consiste l'histoire du progrès, le développement de l'Entendement humain. Il comprend trois phases : 1° La connaissance *expérimentale ;* 2° la connaissance *mathématique ;* 3° la science du *contingent*. Nous avons vu comment la faculté de la connaissance mathématique rend l'homme capable de convertir les notions empiriques en notions nécessaires. Les mathématiques sont un point commun à l'expérience et à la spéculation. Les principes mathématiques sont le terme de l'expérience et le commencement de la spéculation. La mathématique est donc le point de départ de la connaissance scientifique, et cette connaissance s'achève par l'application des mathématiques aux choses finies et contingentes. Elle est le type de la connaissance parfaite, et elle est applicable au contingent, grâce au calcul infinitésimal. Il faut pour cela un symbole spécial. C'est à l'aide des principes mathématiques comme *forme*, et des symboles, comme *matière*, que l'esprit réduit les choses sensibles en concepts intelligibles.

I.

La théorie de la volonté sera analogue à celle de l'entendement.

Nous retrouvons le même cadre, les mêmes questions principales.

Examinons d'abord le *côté négatif* de la doctrine. Leibniz est en présence de deux doctrines qu'il ne peut admettre :

a) La doctrine vulgaire et scolastique de *la liberté d'indifférence*, c'est-à-dire de la volonté qui pourrait se déterminer sans motifs, ou en présence de motifs égaux. — *En fait* et *en droit*, cette doctrine est inadmissible. En fait, quand nous faisons attention, un motif est toujours trouvé pour notre détermination. C'est ce que prouve la théorie des petites perceptions. En droit, la liberté d'indifférence ne peut pas non plus se soutenir. Jamais les choses qui déterminent l'homme ne lui présenteront des parties exactement équivalentes. Le principe des indiscernables est un point très important de la philosophie de Leibniz. Jamais deux choses extérieures ne sont semblables en tous points. Il en est de même pour les choses spirituelles ; elles ne seront jamais identiques. Il est impossible que deux tendances de même force et de sens contraire coexistent. La loi de l'esprit est la succession. L'esprit ne pense qu'à une chose à la fois.

Leibniz ajoute que si ces conditions se réalisaient par impossible et si, dans notre âme, coexistaient deux tendances contraires d'intensité égale, la liberté d'indifférence n'existerait pas encore ; un choix serait impossible, puisque l'on serait également tiré en sens contraire. Le fameux âne de Buridan, placé entre une botte de foin et un seau d'eau également désirables, mourrait de faim et de soif. Il se produirait pour l'âme de cet animal la même chose que pour un point physique.

b) *Le fatalisme* de Spinoza. — D'un autre côté, la *nécessité, la fatalité,* telle que la conçoit Spinoza, est également inadmissible. Ce n'est pas une liberté ; car si l'homme est le jouet de l'univers, Dieu seul est libre. De plus, cette doctrine est en contradiction avec les faits. Un fait résultant de l'action de la volonté humaine n'est pas nécessaire ; le contraire est toujours concevable. On peut toujours concevoir que l'homme se soit déterminé pour le motif le plus faible. Il y a toujours une infinité de possibles qui tendent à l'être, à côté de celui qui a été réalisé. Si Spinoza est mort en telle année, cela n'était point nécessaire mathématiquement, car le contraire était concevable.

II.

Quelle sera donc la vraie doctrine de la liberté ? Et, d'abord, quelle méthode faut-il suivre pour l'étude de cette question ? C'est pour ne s'être point posé cette question que l'on est arrivé à des solutions inadmissibles.

La méthode des Cartésiens consiste à interroger le sentiment vif interne. Elle est incomplète. Nous restons à la surface de notre être ; nous ne pénétrons pas dans son fond. Ce qui le prouve, c'est qu'à mesure que nous étudions notre âme, à mesure se révèlent des couches tout d'abord inconnues. Celui-là seul croit se reconnaître qui se regarde superficiellement. Le sentiment interne, la conscience, n'est pas la lumière qui convient ; elle est insuffisante.

La méthode de Spinoza ne convient pas non plus. Elle part de l'être considéré comme universel et actuel et tire de cet être toutes les conséquences qu'il contient et qu'il enveloppe. Il est clair qu'en partant d'un tel principe, on ne sortira pas de l'universel ; on n'arrivera pas à établir l'existence de la liberté, qui est quelque chose d'individuel. Tout au plus pourrait-on dire que Dieu est libre, puisque tout part de lui. Donc la liberté humaine n'est qu'illusoire, et la méthode mathématique de Spinoza nous dit assez d'avance que, pour l'homme, il n'y a point de liberté, si on part de l'universel.

Quelle est donc la méthode de Leibniz ?

Leibniz distingue, nous le savons, le possible et l'existence. Pour traiter de la liberté, il faut donc la considérer d'abord comme possible. Si nous voulons être sûrs que la liberté ne nous échappe pas, il faut partir de l'idée même de la liberté, et chercher ensuite si elle est réelle. Nous irons ainsi du possible à l'être. Si l'on part de l'être *a priori*, la liberté n'existe pas. Si on part du possible, peut-être n'existera-t-elle pas et restera-t-elle un possible. Mais c'est un possible qui ne nous échappera pas, s'il existe. Voilà en quel sens Leibniz part de la définition de la liberté

Cette méthode ne se confond pas avec celle des mathématiques. Nous partons de la définition d'un possible, et la démonstration consiste à rechercher si ce possible est compossible avec la réalité.

III.

En quoi consiste la liberté ?

Ce ne sera ni la liberté d'indifférence, ni la fatalité mathématique. Cependant la liberté d'indifférence d'équilibre présente quelque chose de la liberté, l'absence de contrainte. D'autre part, dans la nécessité mathématique, il y a la rationalité, l'intelligibilité. La liberté doit être l'expression de l'intelligence ; elle ne doit pas être absurde.

Mais chacune de ces deux doctrines est trop exclusive. L'une ne voit que l'indépendance, l'autre la dépendance. La notion de la liberté doit être une conciliation de ces deux doctrines.

Quelle sera l'âme de la liberté ? C'est l'intelligence. La liberté est une manière d'agir avec intelligence. Mais ce n'est pas tout. La liberté doit être une puissance individuelle. Il faut donc qu'à l'intelligence s'ajoute la spontanéité. Celle-ci individualise l'intelligence. Enfin les produits de la liberté ne doivent pas être absolument nécessaires, nécessaires au sens mathématique du mot, autrement l'individualité et l'intelligence même seraient compromises. Si les actes d'un être libre ne font qu'un avec le tout, si c'est le tout, l'universel, qui en contient la raison suffisante, c'est l'acte universel qui est réel ; l'intelligence elle-même est incomplète. Car alors c'est l'intelligence mathématique qui se manifeste et non l'intelligence tout entière. Il faut donc que l'idée de l'individuel entre dans l'explication de l'acte libre. Les mathématiques sont subordonnées à la métaphysique, les principes abstraits au principe de raison suffisante et les vérités nécessaires aux vérités de convenance. Nous aboutissons donc à cette notion-ci de la liberté : *L'être est libre, s'il est intelligent, et si ses actes sont spontanés et contingents.*

Voilà la liberté en tant que possible. Rien ne nous a gênés pour établir cette définition. Nous sommes partis du concept de liberté avec la même indépendance qu'un mathématicien part du concept d'espace, ou de ligne, ou de point.

IV.

Voyons si ce possible est compossible avec la réalité, et, en particulier, avec l'homme et la nature humaine, si ce possible passe à l'existence.

L'homme possède l'intelligence, la spontanéité et la contingence.

1° *L'intelligence.* — Que l'homme possède l'intelligence, c'est ce qui est manifeste, si on considère comment il agit.

Il n'a pas seulement la faculté d'agir de manière convenable ; il se dirige d'après des principes, des notions absolues et générales. Il sait pourquoi il agit, se représente une fin, déduit de ces principes et de la fin à atteindre les moyens qui conviennent pour la réaliser. L'homme est donc intelligent. La première condition de la liberté ne lui fait donc pas défaut.

2° *La spontanéité.* — Que dire de la spontanéité ? L'homme la possède-t-il ? L'homme ne peut pas agir sans motif, et, de plus, c'est toujours le motif le plus fort qui détermine sa volonté. S'il en est ainsi, peut-on dire que l'homme possède la spontanéité ? Les actions de l'homme peuvent être prédites. Dans la définition qui exprime l'essence d'un homme une intelligence parfaite lirait toute son histoire. Mais que cette formule : *le motif le plus fort l'emporte toujours,* ne nous fasse pas illusion. Le motif n'est pas une chose que l'on puisse séparer de la volonté, comme le fléau d'une balance est distinct des poids qui l'inclinent. Les motifs ne sont pas des corps étrangers qui viennent peser sur notre âme ; ils font corps avec nous ; ils sont nous-mêmes ; ils sont les dispositions mêmes de notre âme. Quand je dis que c'est le motif le plus fort qui l'emporte, je veux dire que c'est une inclination de mon âme, et, par conséquent, c'est ma volonté. S'il est vrai qu'une intelligence parfaite puisse lire l'avenir d'un homme dans sa définition, c'est que, dans la notion qui exprime l'essence d'un individu, est impliquée justement sa volonté. C'est parce que je connais la volonté d'un homme que je sais ce qu'il fera. Je ne puis déduire la connaissance de cet individu de celle du tout ; il me faut connaître ce qui lui est propre.

Ainsi l'homme possède la spontanéité comme l'intelligence.

3° *La contingence.* — Enfin les actions de l'homme sont-elles contingentes ? Oui, au sens qu'a la contingence chez Leibniz. La contingence n'est pas l'indétermination ; mais c'est une détermination impossible, si l'on ne fait pas intervenir un principe moral. C'est ce qui reste indéterminé, s'il n'y a que des raisons mathématiques, et qui se détermine, quand on fait intervenir des raisons morales. Nos actes sont imprévisibles, tant qu'on ne fait appel qu'à des causes générales. Il est impossible de déterminer *a priori* l'existence et les actions d'un individu.

« Le contingent, dit Leibniz lui-même (1), c'est ce qui s'explique par l'intelligence de Dieu unie à sa volonté. » Pour l'homme, le contingent est irréductible à la nécessité géométrique. Son analyse ne peut être achevée, par définition. Dieu ne peut pas non plus en démontrer la nature ; il le connaît par une vision qui est tout autre chose qu'un raisonnement.

Ainsi, il y a hétérogénéité entre le contingent et le nécessaire. Sans doute, en Dieu, la continuité s'établit entre ces deux modes d'existence. Nous savons que, pour lui, le contingent est intelligible, mais nous ne savons pas comment. Nous savons même que ce n'est pas par une démonstration analogue à la démonstration mathématique, mais par une vision immédiate et une de l'infini.

L'homme possède donc toutes les conditions de la liberté. La liberté est réelle.

V.

Cependant une difficulté subsiste. Comment peut se concilier la liberté humaine avec la perfection et la liberté divines ?

Leibniz répète cette formule que la vision divine ne rend pas nécessaire ce qui est contingent. De même la prédétermination divine, c'est-à-dire la réalisation par Dieu des possibles qu'il appelle à l'existence, ne change pas la nature des possibles. Ce qui, dans un possible donné, était contingent et libre demeure tel, lorsque ce possible est réalisé. Voilà le point délicat, difficile à saisir, dans la théorie de la liberté de Leibniz.

(1) Dans un texte publié par Foucher de Careil.

Comment cette doctrine peut-elle se soutenir ? Le voici. Nous avons insisté sur ce fait qu'en Dieu *la puissance* est la base commune de l'entendement et de la volonté. Dieu n'est pas un acte réalisé. Le Dieu de Leibniz est une Intelligence et une Volonté agissant ; il est vivant. C'est la vie qui est le fond même de sa nature. Or les possibles sont des dieux en raccourci, des dieux imparfaits, des images de Dieu. Donc, en eux aussi, sujet et puissance sont la base. Un possible est essentiellement quelque chose de vivant et d'actif. Cette expression : « ce qui était libre dans le possible demeure libre dans le réel », a un sens très légitime dans la philosophie leibnizienne. C'est que l'être primordial est essentiellement activité. Nos actes libres sont conçus comme indéterminés dans l'éternité par ces possibilités actives. Qu'est-ce que l'existence de Dieu vient leur conférer ? Ce n'est pas quelque chose de contraire à la liberté ; c'est, suivant Leibniz, le libre déploiement du possible. L'existence est la liberté d'un possible qui se manifeste ; car, chez Leibniz, il y a une infinité de degrés parmi les possibles. Il n'y a rien qui contrarie la nature du possible. Il n'est donc nullement contradictoire, dans ce système, d'admettre que nos actes libres ont leur fondement dans les possibilités mêmes dont nous sommes la manifestation et d'admettre que Dieu leur a donné l'existence. Cette théorie n'est pas tout à fait celle des Mystiques. Pour eux, c'est en Dieu que nous sommes libres ; sa liberté est la nôtre. Pour Leibniz, les possibles ne se confondent pas avec Dieu ; nous sommes libres dans les possibles de l'entendement divin Les possibles ont leur source dans la nature divine.

Telle est la volonté de l'homme. Elle est le pendant de l'intelligence. Cette volonté intelligente fait défaut aux animaux. Ils peuvent agir conformément à leur bien ; ils semblent prévoir ce qui arrivera dans l'avenir, mais ils n'en ont pas conscience. L'homme seul peut prévoir et disposer les moyens convenables pour préparer tel résultat et empêcher tel autre. Donc la volonté de l'homme se distingue de l'instinct de l'animal.

D'autre part, cette volonté n'est, pas plus que l'intelligence, innée en l'homme à l'état parfait. Nous ne sommes libres qu'en puissance. Cela résulte de la définition de la liberté que nous avons donnée. Il ne faut pas dire : *Sommes-nous libres,* mais *Pouvons-nous devenir libres ?* Il y a des degrés infinis de liberté. Chez l'homme non cultivé, il n'y a que la puissance d'être libre, et c'est par l'effort que nous créons en nous la liberté, comme l'intelligence. C'est par un développement dont nous sommes les auteurs que cette puissance passe à l'acte.

VI.

En quoi consiste le développement de la volonté ?

Comme pour l'intelligence, nous allons essayer de montrer comment se développe la volonté. Son développement est analogue à celui de l'entendement.

Cette idée de déterminer le processus de la volonté est originale. Descartes la prétendait indivisible. Voici en quoi elle consiste.

Premier mode d'activité : l'instinct. — La forme la plus naturelle de notre activité est l'*instinct,* mais l'instinct humain diffère de l'instinct animal ; il lui est supérieur. En effet, l'instinct humain est accompagné de l'idée de plaisir. L'homme recherche le plaisir et fuit la douleur. Ce mode d'activité n'est pas absolument étranger à la moralité, comme l'affirment les théologiens chagrins. De même que l'expérience est un acheminement vers la science, de même la vie sensible, la recherche du plaisir, n'est pas le contraire de la moralité, mais un acheminement vers la moralité. C'est ainsi que les malfaiteurs eux-mêmes obéissent à certaines conventions. Cette obéissance est déjà le simulacre de la moralité. Puis il y a des instincts qui imitent presque la liberté, des instincts relatifs au bien général, qui sont très respectables, et qui permettent à l'homme d'agir déjà d'une façon tout à fait raisonnable. Cependant, à lui seul, l'instinct ne pourrait pas aboutir à la moralité. En effet, dans la vie instinctive, c'est toujours quelque chose d'étranger à la volonté qui la détermine, c'est le plaisir, dont l'essence n'est point connue. En outre, les hommes opposent le plaisir à l'intelligence comme l'individuel à l'universel. Par conséquent, la volonté est déterminée par quelque chose d'extérieur ; c'est une hétéronomie apparente, du moins aux yeux de la conscience.

Il y a une doctrine analogue chez Spinoza. La nature elle-même mène l'homme à la béatitude. Mais il y a un lien analytique entre l'instinct (la nature) et la béatitude. Il n'en est pas ainsi chez Leibniz. C'est par un progrès, par une ascension, dont la nature serait incapable, que se fait le passage de l'instinct à la moralité.

Deuxième mode d'activité : la réflexion. — Ce passage se fait grâce à la faculté de réflexion. Elle démêle dans le sentiment, dans l'instinct, les éléments intelligibles qui y sont cachés. C'est la réflexion qui s'éveille en prenant l'instinct pour matière. De l'instinct l'homme tire la *morale naturelle,* qui est le pendant de ce que sont les mathématiques dans l'ordre de la connaissance. Elle est l'opposé de l'instinct, désintéressée et autonome. Ses maximes sont intelligibles. En y obéissant, la volonté obéit à la raison.

Donc la volonté possède ainsi l'intelligence. Mais l'intelligence n'est pas toute la liberté. A elle seule elle ne peut donner aux actes qu'un caractère universel. Mais quelle sera l'efficacité de ses maximes abstraites ? Comment s'appliqueront-elles à chaque circonstance ? Elles seront incapables de régir les hommes. L'individu reste inexpliqué. La morale naturelle est inefficace et sans rapport avec la vie positive et réelle.

Le problème est donc le même que pour la connaissance. Il s'agit de relier l'universel au particulier. Ce problème a été résolu, dans l'ordre spéculatif, par l'invention de symboles qui sont une *matière intelligible.* Nous recherchons, pour l'ordre pratique, un mobile intelligible, un substitut intelligible du plaisir. Il faut donner de l'attrait, de l'efficacité, de la vie aux formules vagues et froides de la morale naturelle. Elle prescrit à l'homme le complet développement de sa nature. Or la faculté humaine la plus haute est la raison, qui a pour objet non seulement les mathématiques, mais encore l'harmonie. L'harmonie est une source de plaisirs. Tout plaisir se ramène à l'intelligence, à la perception d'une harmonie.

Mais la raison, par son développement, nous fera connaître de mieux en mieux les choses, et, par conséquent, leur harmonie. Donc l'exercice de la raison nous causera du plaisir. Un mobile réside dans la perception des choses au point de vue de l'harmonie, et sa contemplation doit être recherchée.

La nature du monde sensible nous est maintenant révélée. Nous connaissons la source, la cause du plaisir : c'est l'harmonie. Donc le plaisir intellectuel est supérieur à tous les autres et les comprend tous. A mesure que l'âme approche de son point de perfection, elle voit se résoudre la matière en esprit. Elle ramène à un nombre de plus en plus petit les motifs d'action et les règles de conduite. Au terme de ce progrès, il n'y a plus que l'activité jouissant d'elle-même. C'est la perfection divine. L'homme doit s'en approcher de plus en plus, indéfiniment.

VI.

Quelle est la portée de cette doctrine leibnizienne de la volonté ?

Est-ce un déterminisme comme celui de Spinoza ? Non ; il n'est pas possible de faire à ce point abstraction de la volonté d'un philosophe. Nous savons que Leibniz veut concilier la morale et la science.

Il diffère beaucoup de Spinoza. L'individualité n'est pas un vain mot dans le système de Leibniz. Cette irréductibilité du contingent au nécessaire n'est pas une vaine formule. Sans doute les vérités sont universelles, mais les sujets sont multiples et divers.

N'y a-t-il dès lors qu'individualité ? Leibniz n'aurait-il pas, somme toute, substitué la contrainte intérieure à la contrainte extérieure ? — Cela même n'est pas clair. L'action libre, dit Leibniz, est déterminée par une infinité de causes. — Mais cette détermination est impossible à démontrer. Je comprends bien la détermination, si l'action a un nombre de conditions limité. Mais si le nombre des conditions est infini, l'expérience est alors inconcevable et irréalisable. Elle n'existe qu'en Dieu, parce que son entendement est adéquat à sa volonté et que sa volonté est pénétrable à son entendement. Tout se ramène à l'esprit qui détermine les choses, à un acte déterminant qui, lui-même, ne se produit pas au hasard, mais dont l'explication ne se trouve que dans l'entendement divin, tout pénétré de volonté, et dont notre propre nature est un échantillon authentique.

Ainsi, la liberté n'est pas établie par Leibniz. Sa philosophie est un système qui veut concilier le déterminisme avec la liberté dans la perfection divine, et c'est dans la région mystérieuse de l'entendement divin et de la volonté divine, dans une sphère supérieure à l'entendement, que s'opère cette conciliation.

CHAPITRE XX

LEIBNIZ

La nature et la grâce

Le mobile de la philosophie de Leibniz est de démontrer les vérités pratiques, morales et religieuses. Arrivé au terme de l'étude analytique de la philosophie leibnizienne, nous devons nous demander s'il n'a pas perdu de vue l'objet de ses recherches. Arrivons-nous à la démonstration des vérités morales ? Leibniz a-t-il tenu sa promesse ? Oui, selon lui. Le cercle se referme exactement. Le couronnement de cette philosophie est l'établissement rationnel des vérités pratiques.

L'ordre de ses écrits en fournit une première preuve. Après la *Monadologie,* il publie les *Principes de la nature et de la grâce.*

Ce problème de la démonstration des vérités morales et religieuses peut être énoncé à l'aide de deux termes familiers à la Théologie, la *Nature* et la *Grâce.* Quel rapport y a-t-il, pour Leibniz, entre la *Nature* et la *Grâce ?* La démonstration est faite, si de l'ensemble de la philosophie résulte un passage intelligible de la *Nature,* c'est-à-dire de la vie dont les créatures ont le principe en elles-mêmes, à la vie dont le principe est en Dieu même, c'est-à-dire à la *Grâce.* La grâce est l'action divine qui vient s'unir à la créature pour lui permettre de se dépasser. Se demander quel est le rapport entre la nature et la grâce, c'est donc se demander quel est le rapport entre la créature et le Créateur.

I.

Pour nous rendre compte de la manière dont se fera le passage de la créature au Créateur, nous devons considérer, d'abord, la notion de la *Nature*. La nature est l'ensemble des êtres qui constituent l'univers, ce que ces êtres sont capables de faire naturellement, par leurs propres forces. En tant que l'on distingue la nature de la grâce, on veut parler du développement qui peut résulter de leur essence. Or il résulte des principes généraux de la philosophie de Leibniz que, naturellement parlant, par ses propres forces, nul être ne peut se dépasser. Et, cependant, chaque être n'est pas enfermé dans sa nature, de façon qu'il n'ait pas de liberté d'action. La nature n'est pas un cercle restreint, comme dans le Spinozisme. La nature de chaque être est une sphère très étendue, si étendue que, selon Leibniz, tout être de la nature, depuis le plus élevé jusqu'au plus infime, est incapable de jamais l'atteindre. L'homme (car l'homme lui-même, comme être naturel, n'échappe pas à cette loi), nul homme ne peut dire que, par son travail, il ait jamais atteint au dernier point de perfection que sa nature comporte. Le chemin à parcourir est infini, et, pourtant, il a une limite que nous ne dépasserons jamais, parce que nous ne l'atteindrons jamais. Il est un peu infini en-deçà de la limite, et, pourtant, il a une limite.

Ainsi, bien que tout être puisse se développer et se développe indéfiniment, il s'approche sans cesse du but sans l'atteindre jamais. Ainsi, la nature ne peut se dépasser elle-même. Et, cependant, il y a en nous une force qui nous pousse toujours à vouloir nous dépasser.

On peut caractériser très nettement la pensée de Leibniz en disant qu'il admet le développement infini, sans aller jusqu'à l'évolution infinie ou transformisme. Un possible ne peut se transformer en un autre être ; les monades sont fermées, mais, cependant, il y a pour chaque possible un développement infini.

La créature ne peut donc pas s'égaler au Créateur. Le panthéisme est radicalement faux. Il est faux qu'en rentrant au fond de soi, on puisse trouver Dieu. La philosophie de Leibniz est nettement antipanthéistique et antimystique. La grâce ne peut pas venir de la nature, être la suite pure et simple de la nature. Dans Spinoza, l'homme se fait Dieu, se divinise ; dans le système de Leibniz, il n'en est pas ainsi. Nulle créature ne peut agir par elle-même que comme individuelle, jamais comme universelle.

Mais si l'univers créé est ainsi séparé à tout jamais de Dieu, s'il n'y a pas de processus possible de la nature à Dieu, il est vrai, d'autre part, que la nature n'est pas l'opposé de Dieu, comme le proposent, par exemple, les Mystiques. Si tout être de la nature est enfermé dans un cercle qu'il ne peut pas franchir, en revanche, la nature contient des principes qui l'acheminent vers la Divinité. L'individualité que possède chaque être de la nature est, selon Leibniz, indéfectible ; elle existe absolument. La philosophie de Leibniz a élevé cette notion de l'individualité au-dessus du temps. Les monades ne se créent pas dans le temps : elles sont créées par un acte de Dieu, et elles ne peuvent être anéanties que par annihilation. Leur individualité est donc quelque chose d'absolu. Sans doute cet absolu n'est pas l'absolu divin ; mais il n'en est pas moins vrai qu'elles ne peuvent naître et disparaître que « tout d'un coup ». Cette individualité est donc quelque chose de réel. Elle a son fondement dans ces possibles que conçoit éternellement l'entendement divin, et qui ne sont pas créés par Dieu. Ce n'est pas la *base*, c'est seulement l'*existence* de l'individualité qui est créée par Dieu. L'individualité est éternelle ; elle a un fondement éternel. Chaque créature est un petit Dieu. Elle diffère encore du Dieu qui est le vrai Dieu. Mais cependant, par son éternité, la créature est plus voisine de

Dieu, dans le système de Leibniz, que dans aucun autre système. Cette individualité est déjà quelque chose qui s'approche de l'immortalité ; mais ce n'est ni l'immortalité morale, ni l'immortalité religieuse. C'est une immortalité naturelle. La vie ne se produit pas dans la nature ; il n'y a point d'être vivant qui ne soit de toute éternité. Les parents ne donnent pas la vie à leur enfant ; toute vie existe comme possible de toute éternité dans l'entendement divin.

Ainsi, nul être ne peut trouver Dieu au fond de lui-même; la nature n'est pas Dieu, mais elle l'imite ; elle se rapproche de lui par l'indéfectibilité des individus qui la composent.

II.

Voyons comment se superpose la *Grâce*, c'est-à-dire l'union de l'action des créatures avec l'action divine. L'action divine peut-elle s'unir avec l'action humaine ? Est-ce bien une doctrine philosophique ? Est-elle concevable rationnellement ?

Nous avons étudié la nature humaine. Nous avons vu que la nature de l'homme a quelque chose de singulier, qui distingue l'homme de tous les êtres créés. Tandis que les autres êtres ne peuvent connaître les choses qu'*a posteriori*, l'homme, et l'homme seul (du moins parmi les êtres que nous connaissons), trouve en lui les principes mêmes de la vérité. On dira que ces êtres peuvent connaître empiriquement. C'est vrai. Mais ils sont purement passifs dans leurs connaissances ; ils ne peuvent, en aucune façon, partir des principes pour descendre aux conséquences. L'homme trouve en lui les principes de la connaissance, à savoir : le principe de contradiction et le principe de raison suffisante, et les principes de l'action, c'est-à-dire les idées de justice et de moralité. Mais comme ces principes sont universels, si l'homme se bornait à les développer, il n'atteindrait qu'à une activité universelle ; il n'arriverait pas à se rendre compte de la production des choses particulières et à agir convenablement dans chaque cas qui peut se présenter. L'homme, par son industrie et son activité, arrive à faire rentrer le particulier sous l'universel ; mais s'il ne trouvait point une matière qui représente le particulier et soit propre à s'adapter aux principes universels, il ne s'expliquerait pas les choses particulières. La science et la vertu resteraient générales et abstraites.

Mais nous avons vu, dans la théorie de la connaissance, que le *symbole* était le substitut de la matière sensible. Dans la sphère morale, le pendant du symbole est le *plaisir*, qui est l'ordre perçu par la sensibilité affective, comme le symbole est la vérité représentée par l'imagination. L'homme à la faculté d'attacher un plaisir à l'accomplissement des préceptes moraux. En effet, la perception de l'harmonie est un plaisir, et, en découvrant le bien et son harmonie, le bien devient pour nous une chose aimable.

Ainsi, à l'aide des principes universels, à l'aide des symboles intelligibles, à l'aide du plaisir intellectuel, qu'il réussit à attacher à l'accomplissement du bien, l'homme peut imiter Dieu pour qui les choses sont connues dans leurs sources. Ainsi, tandis qu'on ne conçoit pas que les autres créatures puissent se dépasser et s'unir à l'universel, l'homme, au contraire, trouve en lui les principes universels et a l'industrie nécessaire pour les appliquer au particulier. L'homme peut imiter l'action de l'entendement divin et de la volonté divine.

Voyons jusqu'où va cette puissance de se dépasser.

III.

La première manifestation de cette puissance que l'homme, à la différence des autres créatures, a de se dépasser, c'est la *Science*. La Science n'est, selon Leibniz, que le premier échelon. Par la science, l'homme se rapproche de la connaissance divine ; par elle, il arrive à connaître *a priori*, par démonstration. En un sens, par conséquent, la science est chose divine, et alors l'homme est en communauté avec Dieu. Il y a cependant une limite infranchissable. La science humaine ne peut égaler la science divine. Dieu voit tout par intuition, immédiatement, sans avoir besoin d'une analyse ou d'une démonstration. L'homme, au contraire, ne peut expliquer qu'analytiquement, et l'analyse du particulier et du contingent est indéfinie. Nous n'arrivons qu'à l'universel, tandis que Dieu comprend, d'une façon absolue et complète, non-seulement l'universel, mais encore le particulier. Pour si petite que soit la différence entre le particulier et l'universel, jamais il ne la réduira à néant et n'arrivera à voir par intuition et immédiatement. Jamais on ne pourra réduire les choses à des éléments purement mathématiques. Les mathématiques approcheront de l'explication de ces phénomènes, mais jamais il n'y aura coïncidence complète entre l'explication et la réalité. La mathématique pourra être appliquée à l'histoire naturelle et à la psychologie, mais jamais l'explication mécanique des réalités ne pourra être complète.

Cette science reste analytique ; par cela même elle n'est pas créatrice, puisque nous allons des parties au tout. Elle ne peut pas produire ; elle ne peut que décomposer indéfiniment ; jamais l'homme ne crée un être vivant. Il n'y a que la science adéquate, la science divine, qui se confonde avec l'action. Pour l'homme, la connaissance et l'action sont toujours différentes ; nous connaissons d'abord ; nous agissons ensuite.

Ainsi, notre science nous rapproche de Dieu : jamais elle ne nous fait arriver à la science divine.

IV.

Cependant, au-dessus de la Science, nous devons placer l'*Art*. Sur l'Esthétique, Leibniz est bref, mais très suggestif et très profond. La science esthétique a été créée par lui, sur ses indications. Le Beau, c'est la perception du Beau.

L'art, dit-il encore, est le sentiment de l'harmonie. Cette théorie signifie, d'abord, que le beau n'est pas dans les choses, qu'en dehors de l'esprit il n'y a que l'harmonie, que le beau a son fondement exclusif dans le sujet, en nous.

Dire que le beau n'existe que dans le sujet qui perçoit est une théorie très originale. Cette *idée du beau* n'est pas celle de Platon.

De plus, voici en quoi consiste l'opération par laquelle le sujet perçoit le beau. Tandis que la Science ne peut que considérer successivement toutes les parties qui composent un être et ne peut jamais les compter, d'un coup, au contraire, l'être qui est capable de perception esthétique embrasse l'harmonie de l'être vivant et saisit sa réalité tout entière. Ainsi, en un sens, l'Art pénètre plus avant que la Science dans la connaissance de la réalité, parce qu'il saisit l'harmonie des parties qu'il ne peut pas retrouver dans la Science. La Science ne peut pas voir les choses dans leur unité, mais dans leur multiplicité. Les unités, les individualités sont des choses réelles : l'Art seul les voit. Ne confondons pas la sensation pure et simple avec le sentiment esthétique. Le sentiment esthétique saisit l'individualité telle qu'elle existe véritablement : en réalité, l'individualité est une harmonie, un sentiment, et non une idée. L'Art est donc la perception de l'harmonie des individus et de ce qu'il y a d'individuel dans les choses.

En un sens, donc, l'Art est supérieur à la Science et nous fait saisir une chose par son côté absolu, l'individualité : c'est une manière divine de prendre connaissance des choses. Les individus que discerne le jugement esthétique, Dieu les voit comme nous. Ce sont les individus véritables.

Mais l'art humain n'est pas cependant adéquat à l'art divin. En effet, si, par l'art, nous saisissons l'harmonie, ce n'est que d'une manière obscure et confuse. Le sentiment esthétique est sans doute analysable, mais, dès que nous l'analysons, il disparaît, et nous retombons dans la science. L'art est obscur par essence. Il est impossible à l'homme de comprendre le lien qui avec des parties fait un tout ; il ne peut pas saisir les touts, la vie. Nous ne pouvons saisir la vie autrement que par des sensations obscures. Il nous faut consentir à rester dans l'obscurité. En ce sens Gœthe a dit : « Tout vrai poème doit être obscur ». L'obscurité est la condition nécessaire de l'œuvre d'art. Pour Boileau, c'est tout le contraire : « Ce que l'on conçoit bien... », etc.

La raison de cette doctrine est que l'esprit humain n'est pas adéquat aux choses. Nous saisissons clairement l'être, mais non pas ses parties. Nous pouvons dépasser cette manière de voir les choses ; mais alors il faut accepter l'obscurité dans la perception d'un être infini. Le substitut du nombre infini, c'est le sentiment.

L'Art humain, grâce à cette perception qui le caractérise, est *architectonique* et imite la création divine, tandis que la Science est *contemplative*, parce qu'elle est stérile. La Science ne se suffit pas. Au contraire, dans son obscurité, dans son imperfection, le sentiment esthétique est complet. L'homme crée, véritablement, des choses imparfaites sans doute, mais ce produit de l'art est déjà une création. Le sentiment esthétique est donc supérieur à la science.

V.

Cependant l'homme peut s'élever plus haut. Les créations de l'Art sont des créations divines, mais encore imparfaites et obscures. L'homme peut faire plus. Il peut sculpter sa propre nature : il peut la créer en lui-même, la développer et la perfectionner, *l'idéaliser*. C'est ce qu'il peut faire par le *Droit* et par la *Morale*.

Le Droit, qui est une introduction à la Morale, a pour objet de constituer les sociétés humaines. Son origine est le besoin physique. Sous l'influence de la nature elle-même, l'homme peut s'élever plus haut, et, peu à peu, les hommes s'unissent pour satisfaire à des besoins moraux. La sphère du droit s'étend jusqu'à la sphère de la moralité. La Morale règle les rapports des hommes entre eux, si on les considère comme des personnes et qui sont inviolables. Le Droit règle le rapport des individus fermés les uns aux autres. Ainsi, placés au point de vue lu Droit, nous ne pouvons pas proscrire, par exemple, l'esclavage, puisque les hommes sont inégaux. L'esclavage est juste, au point de vue du Droit. Mais la Morale enseigne aux hommes à s'unir pour s'aider à réaliser ce que comporte leur nature. La société que crée le Droit est extérieure ; la Morale nous rapproche de la Divinité plus que ne le faisait l'Art ; elle transforme la personne humaine ; c'est une création plus intime et plus profonde. Cependant la Morale a ses limites ; l'idéal moral n'est qu'un idéal humain et la morale pour elle-même ne dépasse pas le soin de la vie présente.

Ce n'est pas sur l'idée de la vie future que se fonde cette doctrine.

VI.

Au-dessus des créations humaines se trouve la *Religion*. Entendue d'une manière rationnelle et philosophique, elle rapprochera l'homme de Dieu autant qu'il est possible.

Elle comprend essentiellement deux dogmes : l'Unité de Dieu et l'Immortalité de l'âme. Par la religion, l'âme s'unit à Dieu et mérite l'immortalité. La religion est naturelle. Ces deux idées de Dieu et de l'Immortalité de l'âme sont innées dans l'homme, et ce n'est qu'avec le temps qu'elles se sont développées et qu'elles ont passé de l'état confus à l'état distinct.

Selon Leibniz, le Mosaïsme est la première étape dans l'histoire des religions. Le Dieu de Moïse est surtout un Dieu redoutable, qui commande le respect. Ce n'est que par Jésus que l'homme a érigé en dogme l'instinct de l'immortalité. Dieu est devenu le père et l'objet de l'amour des hommes.

Philosophie et Religion ont d'étroits rapports. La philosophie a pour objet d'analyser ces idées, de les rendre plus distinctes. Le résultat de ces recherches peut bien démontrer que Dieu existe et que l'âme est immortelle, mais la philosophie ne peut pas rendre compte ni du pourquoi ni du comment. Nous savons seulement qu'il en est ainsi. D'autre part, toutes les religions, qui définissent Dieu et l'Immortalité de l'âme, sont inadéquates, puisque ces définitions ne sont jamais complètes et ont besoin d'être élucidées.

Il suit de là que toutes les religions dont l'homme peut disposer sont fausses par quelque endroit, car toutes définissent Dieu et l'Immortalité comme des choses incompréhensibles. Une religion est une certaine exposition de Dieu et de l'Immortalité. Les religions remplissent les concepts de Dieu et de l'Immortalité. Mais toutes ces définitions sont inexactes. L'homme ne peut savoir que ceci : Dieu existe et l'âme est immortelle, mais il ne peut pas savoir comment.

En un autre sens, toutes les religions sont vraies. Ce sont des expressions de ces vérités proportionnées à la faiblesse humaine. La représentation sera toujours insuffisante, mais aura néanmoins une valeur pour l'homme.

C'est ainsi que toutes les religions sont légitimes et vraies. Il y a cependant une hiérarchie entre elles. Elles n'ont pas toutes la même valeur. Elles se rapprochent toutes plus ou moins de la *religion idéale*.

VII.

En quoi consiste cette *religion idéale* ? — Elle comprend deux idées : l'Unité de Dieu, l'Immortalité de l'âme.

Deux sentiments découlent de ces idées :

1° D'abord l'amour de l'homme pour Dieu, qui vient de la communauté de nature existant entre l'âme et Dieu. En un sens, cet amour est désintéressé, puisque Dieu est absolu. En un autre sens, il sera absolument intéressé, puisque la possession de Dieu est ce qui est le plus propre à donner à l'homme le bonheur. On ne l'aime, ni d'une manière sensible et physique, ni avec le détachement qu'ont rêvé les Mystiques : c'est un amour à la fois spirituel et intéressé. Voilà le premier sentiment que doit développer la religion.

Le deuxième sentiment est le contentement. Les Stoïciens se sont dits contents, non résignés. Qu'on se rappelle les vers de Cléanthe rapportés par Epictète, dans son *Manuel* (LIII) : « Je te suivrai sans hésiter, car si je refuse de te suivre, je te suivrai quand même » ;

ἕψομαι γ' ἄοκνος· ἢν δέ γε μὴ θέλω,
. .. . οὐδὲν ἧττον ἕψομαι.

Voilà la résignation stoïcienne. Le Stoïcien est le jouet de l'Univers. Les parties de l'univers ne sont que ce qu'il fallait pour réaliser le tout ; elles sont donc sacrifiées au tout. Chez Leibniz, c'est le tout qui a été fait pour les parties. Ce qui existe de toute éternité, ce sont les possibles individuels, et Dieu a choisi, parmi les possibles, ceux qui pouvaient le mieux s'accorder. Le tout n'est rien ; c'est un nombre infini, une abstraction. Le monde a été fait pour les individus et non les individus pour le tout.

La providence divine est donc particulière, et non universelle, comme l'ont voulu les Stoïciens et Spinoza. Dieu n'est pas un maître, mais un père qui a pris soin de toutes ses créatures. C'est pourquoi les individus doivent être contents. Voilà ce que sera, suivant Leibniz, le contentement du sage. « Tout aboutit au bien des bons. » Ainsi, amour et contentement.

Quel est le besoin le plus élevé de chaque créature ? C'est posséder l'harmonie, bien de l'intelligence. Or le monde est une harmonie. Donc plus nous contemplerons le monde, plus nous serons satisfaits. Mais cette harmonie n'exclut pas les œuvres. On a pensé que les œuvres n'en faisaient pas partie, parce qu'on ne connaissait pas la doctrine des perceptions distinctes et la puissance de l'homme. Mais la perception distincte produit elle-même une action conforme à la connaissance, produit des œuvres qui sont la manifestation de sa croyance. La connaissance distincte des vérités religieuses produit donc de bonnes œuvres. Quand elle est rationnelle, quand les idées sont distinctes, ou que nous les connaissons avec conscience, la croyance engendre d'elle-même le rapport qui l'exprime, les œuvres qui la traduisent.

Par la religion, il se constitue une harmonie infiniment supérieure à l'harmonie de la nature. Grâce à elle, il se forme, au sein de la nature, une nature supérieure, une nature divine. La communion des esprits entre eux, par l'intermédiaire de l'union avec Dieu, est le monde spirituel que la nature n'aurait pas produit toute seule. Ce monde ne s'est pas produit par développement ou par évolution ; il ne s'est pas produit non plus en dépit des lois de la nature. La nature en fournit les éléments indestructibles ; elle est la base de l'immortalité de la personne que garantit la religion, mais une nature supérieure, la grâce, s'y superpose.

VIII.

Quelle est la valeur de cette doctrine de Leibniz ? — Certains philosophes, trouvant une hétérogénéité entre la nature et l'esprit, optent pour la nature : Spinoza. D'autres penseurs sacrifient la nature à la grâce : les Mystiques. Enfin il y a des hommes qui maintiennent côte à côte le règne de la nature et celui de la grâce.

Le système de Leibniz n'est-il pas un de ces systèmes ? — La nature mène à la grâce par un progrès. Ce progrès s'accomplit sous l'influence du principe supérieur. La nature s'élève d'elle-même jusqu'au point où la grâce pourra apparaître.

C'est donc un système de conciliation par continuité, par hiérarchie. Cette conciliation s'est faite par une conception particulière de la nature et de la grâce.

La nature est l'immortalité de l'individu ; la grâce, l'immortalité de la personne et le progrès indéfini vers la perfection.

Ainsi, la grâce est le prolongement de la nature.

CHAPITRE XXI

Examen de la Philosophie de Leibniz

L'examen de la philosophie de Leibniz pourrait être envisagé au point de vue historique. Il ne serait pas difficile de montrer qu'elle a eu une influence considérable sur Kant, Fichte et Schopenhauer. Mon intention est de l'examiner *en elle-même*. Je devrais signaler un grand nombre d'idées fécondes, profondes même, qu'elle a esquissées ou développées. Mais je renonce à faire l'énumération des points nombreux par lesquels elle touche à nos spéculations contemporaines. Je ne veux en considérer que l'essentiel, caractériser la philosophie de Leibniz à un point de vue aussi absolu et impartial qu'il est possible de le faire.

Qu'est-ce que cette philosophie ? Qu'a voulu faire Leibniz ? Qu'a-t-il fait ?

I.

Les débuts de la science avec Galilée, Descartes, Newton, ont fait naître un problème que ni l'Antiquité, ni le Moyen-âge n'avaient connu. Ce qui caractérise la science moderne, c'est le principe du Mécanisme. Les Anciens ont connu les mathématiques et les ont pratiquées ; mais, jusqu'à Galilée, les mathématiques étaient restées une science abstraite. Elles étaient considérées comme une norme à laquelle se conforme la réalité ; mais il y a dans le réel autre chose que les éléments mathématiques. On pouvait donc admettre le déterminisme mathématique sans l'étendre à la réalité.

Il n'en est pas de même avec le mécanisme, qui est une application des mathématiques à la réalité ; les phénomènes réels ne sont autre chose au fond que des déterminations mathématiques. Or, depuis l'Antiquite, les notions morales s'étaient accrues d'éléments de plus en plus éloignés des mathématiques. Se conformer à l'ordre universel, voilà le précepte ordinaire de l'Antiquité. Les notions de libre arbitre, d'immortalité, de Providence, etc..., ne jouaient pas un rôle prépondérant. Sous l'influence du Christianisme, au contraire, ces idées prennent de l'importance. La croyance au libre arbitre se développe et la morale est en contradiction avec le déterminisme mathématique. Si le déterminisme est la loi même des choses, comment la morale va-t-elle subsister ?

Voilà le problème, qui est le nôtre encore aujourd'hui. Comment concilier le mécanisme de la science avec la morale ? Ce problème, Descartes l'a entrevu : il a même pris quelques dispositions pour le résoudre ; il essaie de montrer que le déterminisme mathématique n'est pas absolu dans l'univers, qu'il n'est pas la seule condition de l'existence des choses. Suivant lui, si dans l'univers la quantité de mouvement reste la même, l'âme peut user de telle ou telle manière de cette quantité de mouvement qui est à sa disposition (Voy. *Monadologie*, § 80). Si la direction de ce mouvement est indéterminée, il y a place pour le libre arbitre. Mais il n'en est pas moins vrai que les vérités scientifiques et les vérités de la foi sont séparées. C'est par le dualisme que Descartes résout le problème.

Spinoza l'aborde plus franchement. Il ne veut pas de ce dualisme de l'âme humaine. L'état d'un esprit dualiste n'est pas définitif ; il faut l'unité. Cependant le besoin moral est vif, chez Spinoza, et il veut le satisfaire par la philosophie. Mais Spinoza est tellement épris de la méthode mathématique qu'il est convaincu qu'en dehors de cette méthode, il n'y a rien d'absolu, que tout ce qui ne peut se démontrer mathématiquement est illusoire. Il faut donc établir la morale mathématiquement, par une marche mathématique. Rigoureusement il part de la notion de l'être absolu, actuel, la développe mathématiquement, et, au terme, il trouve une morale qui consiste à placer la perfection dans la conscience de l'universelle nécessité. Suivant lui, la déduction mathématique aboutit à ce résultat, sans que l'esprit ait des vérités préconçues. Il s'agit de se laisser pousser de déduction en déduction, et Spinoza estime que la déduction va jusque-là.

Cette morale ne satisfait pas Leibniz. Elle est par trop en contradiction avec la morale chrétienne, trop opposée au libre arbitre et à l'individualité, ne fondant ni personnalité, ni responsabilité. Les individus ne sont qu'apparence ; il n'y a que l'universel. Dieu seul existe véritablement. Ce n'est plus la morale ; cette mathématique pensée, perçue, et en quelque sorte vivante, n'a rien de commun avec l'idéal moral. Dans la moralité est impliquée l'idée de raison, de sagesse, de bonté, de fin. Dans le Spinozisme, toutes ces idées ne sont que des illusions. — Leibniz accorde que la croyance au libre arbitre n'est pas nécessaire à la morale. La liberté d'indifférence d'équilibre n'est ni utile ni concevable ; elle est même une illusion qui tient à notre ignorance. Mais l'individualité ne peut pas être sacrifiée sans ruiner par là même la morale. Il n'existe un ordre moral que s'il subsiste un ordre de vérités distinctes des vérités mathématiques, telles que la responsabilité, l'immortalité et la croyance à un Dieu-Providence.

Ainsi, Leibniz se propose de concilier la morale chrétienne avec les conditions de la science, avec le mécanisme, c'est-à-dire avec la mathématique devenue science concrète. Leibniz est le premier qui ait envisagé ce problème en face et qui l'ait posé comme nous le posons aujourd'hui encore.

Comment Leibniz va-t-il le résoudre ?

II.

La méthode suivie est son invention propre, l'idée principale de cette philosophie, l'idée qui lui appartient le plus.

Descartes avait trouvé le moyen de faire sortir du doute la certitude. Douter, c'est penser, et penser, c'est être. « Je pense, donc je suis » est une vérité certaine. Leibniz se propose quelque chose d'analogue en ce qui concerne le mécanisme. Ne pourrait-on pas du mécanisme tirer le finalisme et la moralité ? Son modèle est la démonstration aristotélique du premier moteur. Cela semble quelque chose de paradoxal ; il s'agit de tirer du mécanisme son contraire. Tandis que, dans les démonstrations courantes de l'existence de Dieu, on s'efforce de trouver dans le monde des indications sur la nature de son auteur et de conclure d'une œuvre bien ordonnée à un savant architecte, du mécanisme il faut tirer l'intelligence, l'existence d'une personne, d'un être moral.

Or Aristote a fait quelque chose d'analogue. Il est allé de l'observation du mobile à la démonstration d'un moteur immobile, du mobile à l'immobile, de l'hétérogène à l'hétérogène. C'est une démonstration de ce genre que s'est proposée Leibniz. Mais, pour y aboutir, il ne faut pas se borner à appliquer les mathématiques telles quelles aux choses données ; il ne faut pas songer à trouver au fond de la réalité les éléments d'une doctrine morale. Ce n'est pas une application pure et simple des mathématiques qui est le principe de la science moderne, car cette application pure et simple n'est pas possible. On ne peut arriver ainsi qu'à l'universel, au général. Or il faut atteindre à l'individuel, étendre, par conséquent, le cercle des mathématiques, et joindre au calcul ordinaire le calcul de l'infini.

Ainsi, le mécanisme est une mathématique particulière, concrète, qui ne résout pas purement et simplement le particulier en général, comme la mathématique commune. C'est d'elle que naîtra la solution. Tandis que les mathématiques communes ne peuvent démontrer que l'existence d'un entendement, les mathématiques supérieures démontreront peut-être l'existence d'une volonté.

Il s'agit donc de prouver que la réalité donne, suppose

des principes suffisants pour établir les vérités morales essentielles, de trouver, au fond de la réalité, les principes d'une morale. Spinoza part de l'être absolu, en soi, et se borne à développer ses attributs. Leibniz considère l'être donné et remonte de l'être donné à ses principes pour redescendre ensuite vers la réalité et vers la morale. Il remonte, par conséquent, de l'observation des choses données au premier principe des choses.

Cette méthode se distingue de celle de Spinoza en ce qu'elle implique, tout d'abord, une philosophie régressive, qui remonte du premier donné à ses principes. C'est une méthode souvent employée en Allemagne que cette méthode qui consiste à montrer que l'existence de la matière ne prouve rien contre l'existence de l'esprit, parce que la matière elle-même suppose l'esprit.

III.

Voyons, d'abord, la pensée exotérique, la forme banale de la pensée de Leibniz. *Tout ce qui est donné et existe véritablement suppose un choix.* En effet, rien de ce qui existe ne peut être considéré comme le seul possible. Il n'y a jamais coïncidence exacte entre le possible et le réel. Or, un choix suppose une volonté. C'est ainsi que s'explique cette phrase : « Toute réalisation suppose un choix, et un choix suppose une volonté. »

Mais voici une forme ésotérique, plus savante, de la même pensée : *Tout ce qui est est déterminé par un nombre infini de conditions.* — Mais comment un nombre infini de conditions existerait-il ? C'est autre chose qu'un nombre infini. Tout nombre est fini et, cependant, tout phénomène est lié à tous les autres phénomènes. Or cette expression « tous les autres phénomènes » ne signifie rien ; c'est une abstraction, une collection qui n'a pas de fin. Ce nombre infini de conditions est le symbole d'une volonté. Ce qui réalise ce symbole, ce qui est le fond de l'infini, c'est la volonté divine.

Autre forme de la même idée : *L'analyse du contingent va à l'infini.* Nous ne pouvons jamais expliquer d'une manière précise l'existence du particulier. Cette explication ne peut se trouver que dans une intuition divine, c'est-à-dire dans l'action d'une intelligence unie à une volonté. Tout est explicable, mais le principe de toute détermination des choses réelles est dans une volonté. Pour comprendre un individu, il faut non-seulement tenir compte du milieu intellectuel et du caractère, mais encore de la volonté. Donc l'explication suppose un principe inexplicable, la volonté, qui n'est entendue qu'en Dieu, synthèse de l'intelligence et de la volonté.

Voilà comment Leibniz remonte de la considération des choses à leur premier principe, qui est Dieu.

Cette doctrine des rapports de l'entendement et de la volonté en Dieu est obscure, subtile et très originale.

Ce Dieu est tel que, si nous essayons de concevoir ce qu'il a dû créer, *d'après sa nature,* nous trouvons qu'il a pu et dû créer une nature capable de volonté. C'est ici le terme de la philosophie progressive. Dieu a dû créer une nature composée d'individus qui ne peuvent pas naître par composition et périr par dissolution ; ils sont doués d'une existence éternelle, fondée dans les possibles mêmes. De plus, la volonté divine a donné à ces individus la faculté de se développer ; elle a ménagé à chacun une sphère d'action dans laquelle il peut se mouvoir et agir par lui-même. Les êtres sont capables d'un développement infini, encore que borné. Chacun de nous peut approcher indéfiniment de la périphérie de cette sphère sans jamais y atteindre.

Si, donc, Dieu a créé une telle nature, la moralité est possible. Elle en est le développement spontané. La nature peut s'approcher de Dieu, dépasser la conscience de la nécessité mathématique, où Spinoza bornait la destinée humaine.

En définitive, Leibniz a distingué de la nécessité mathématique la nécessité morale, c'est-à-dire la détermination par l'idée du meilleur, et il a fait de la conscience de cette nécessité morale le terme de l'activité humaine et l'idéal de la moralité. Par cette conscience de la nécessité morale, l'homme entre en communion avec Dieu et dans la sphère de la moralité.

Tel est le fond de cette doctrine de la volonté et de l'intelligence.

Telle est la philosophie de Leibniz.

IV.

Essayons d'apprécier cette philosophie.

Elle se compose de deux thèses.

1° Voici la première : *Le monde suppose un auteur intelligent, doué d'entendement et de volonté.* Voici le sens, très original, de cette formule « Le monde suppose » : le monde en lui-même ne contient rien qui ressemble à l'intelligence et à la volonté ; le monde est un pur mécanisme. Mais le mécanisme lui-même ne se comprend que par le finalisme. Le philosophe, qui cherche à voir le dessous des choses, trouve que le mécanisme ne s'explique que si on admet l'existence d'un Dieu personnel. A la surface, tout est mécanique. Au fond, tout a sa raison dans un Esprit et un Dieu personnel.

Cette première thèse, ce finalisme soulève des objections. Comment Leibniz établit-il cette proposition paradoxale que le mécanisme suppose la finalité ? Il ne peut pas l'établir à l'aide du seul principe de contradiction, puisque la finalité en est le contraire. Tout ce qu'il s'efforcera de faire, c'est de respecter ce principe. Aussi a-t-il recours à un autre principe, le principe de raison suffisante, qui est de son invention. Une des formes les plus claires de ce principe est la continuité en vertu de laquelle l'esprit, cherchant la raison des choses, la trouve dans des essences liées à celle qu'il faut expliquer et se rapprochant de plus en plus de la volonté.

Il rattache ainsi par des intermédiaires le mécanisme donné à la volonté divine.

Mais une question se pose. Les résultats sont-ils absolus ? La vérité, à laquelle Leibniz arrive, est-elle une vérité en soi ? Son Dieu n'existe-t-il que pour nous, ou bien est-ce la réalité absolue des choses ? Si le principe de contradiction avait présidé à ce système, le résultat serait conforme à la réalité absolue, parce que le principe de contradiction s'impose de telle façon que rien ne peut en entamer l'autorité. Mais il a fallu faire intervenir un autre principe. Déjà Aristote, pour établir le premier moteur immobile, avait dû dire : ἀνάγκη στῆναι, ce qui n'est pas le principe de contradiction. Le principe de Leibniz est plus compliqué.

2° Voici sa seconde thèse : *Le nombre infini est la manifestation, l'expression d'une volonté.* Une résolution qui va à l'infini est achevée dans une volonté. Si un mobile s'approche indéfiniment de la limite, il est conçu quelque part comme atteignant cette limite. Voilà un principe très paradoxal. En fait, ce mobile n'atteint jamais le terme, mais il s'en approche de plus en plus et l'atteint dans le monde intelligible.

Ainsi, ce principe n'a pas l'évidence du principe de contradiction. Dès lors, a-t-il une valeur absolue ou n'a-t-il pas seulement une valeur relative à l'esprit humain, comme le démontrera la critique kantienne ? Ce n'est pas tout. Même pour nous, le résultat auquel aboutit Leibniz est-il nécessaire ? On peut dire qu'il est nécessaire, si nous voulons penser les phénomènes, les ramener à l'unité, satisfaire l'intelligence. En effet, notre intelligence n'est satisfaite que lorsqu'elle connaît les raisons des choses, et leur détermination. — Mais pourquoi imposerons-nous aux choses les lois de notre intelligence ? Pourquoi vouloir trouver de l'intelligibilité dans les choses ? Il n'y a rien de nécessaire dans cette prétention de ramener les choses à l'unité. — A cette seule condition, dit-on, ils sont objets ; mais cela même n'est pas nécessaire, car peut-être les phénomènes ne sont-ils pas réductibles aux conditions de l'intelligibilité.

Ainsi, les principes auxquels arrive Leibniz ne sont valables, ni pour les choses considérées en soi, ni pour les choses considérées à notre point de vue. Il a bien montré que, si les choses peuvent être expliquées par l'analyse, c'est à condition qu'on prendra pour point de départ des synthèses déjà faites. L'analyse du réel n'est possible qu'à ce prix. Il a montré que le mécanisme suppose des données, que toute explication suppose un inexplicable qui s'explique en Dieu. En quoi consiste cette explication ? Nous ne le saurons jamais. C'est un mystère impénétrable. L'homme s'approchera de Dieu ; jamais il ne deviendra Dieu. La déduction chez nous ne fera jamais place à l'intuition. Leibniz n'est pas mystique.

Donc, au fond des choses données, il y a quelque chose d'inexplicable, qui est la condition de la science, un je ne sais quoi. Leibniz s'est demandé si on ne pourrait pas se le représenter sous la forme de la volonté. Il fait appel à la volonté pour achever l'œuvre de l'intelligence et la dépasser.

Voilà l'œuvre de Leibniz. On le voit, sa dialectique avait une direction déterminée et n'était pas absolument impartiale. Leibniz savait ce qu'il voulait trouver au bout de son raisonnement. L'esprit n'est-il pas exprimé dans la réalité ? Mais l'esprit n'est pas tiré de la matière ; il y est surajouté. C'est à la faveur de l'obscurité, qui règne dans les principes de la science, que Leibniz a pu y introduire des notions morales.

V.

La morale de l'individualité, de la spontanéité, suffit-elle ?

Comparons-la avec le morale antique. La morale grecque avait pour objet la perception de l'harmonie universelle, la joie qui résulte pour l'esprit de la contemplation de l'ordre. Mais, dans le monde antique, les individus ne sont que des moyens et non des fins. Dès lors, la joie n'est chez eux qu'une résignation, le renoncement à l'individualité ; c'est un sacrifice, en même temps qu'une union avec l'absolu, avec l'universel.

La morale de Leibniz dépasse la morale antique. Les individus y sont des fins ; c'est pour permettre aux individus de se réaliser que Dieu a créé le monde. C'est pourquoi l'état du sage est un contentement (et non pas seulement une résignation), une conscience de la nécessité morale, qui aboutira à une vue des choses où le mal rentrera dans le bien. Le mal ne sera plus que la condition du bien et disparaîtra en tant que mal. Le mal est une ombre dans un tableau.

Est-ce là l'idéal de la Morale ? Il est certain que, sous l'influence du Christianisme, nous ne pouvons pas être satisfaits par cette doctrine. La morale de Leibniz tend à l'effacement du mal. Dieu aurait pu, suivant lui, faire un monde sans mal. S'il a admis le mal, c'est comme condition du bien. L'idéal, c'est que le mal s'efface de plus en plus et qu'il rentre de plus en plus dans l'harmonie. — Or, il est difficile de considérer le mal comme nécessaire, comme un élément de la morale, comme un bien. Cet idéal s'impose. Nous rêvons de détruire tous les maux, d'arriver à la paix. Mais, si nous y regardons de près, ce n'est là qu'une seule des faces de la morale. L'autre face n'est pas moins réelle. Tout ce que nous appelons moralité, la volonté, la vertu, suppose le mal ; c'est la lutte contre le mal. La vie physique n'existe pas sans la lutte, sans l'effort, sans la concurrence vitale ; il en est de même pour la vie morale. Notre volonté ne se fait que par la lutte contre le mal, contre les passions, contre tout ce qui constitue le mal moral. Le mal est, dans Leibniz, accepté, intégré. Le jour où nous n'aurions pas à lutter contre le mal, la volonté s'anéantirait, ne réaliserait pas la perfection, car la perfection de la volonté ne peut pas être son annihilation. Nous ne concevons point une moralité humaine sans le mal et la lutte. Ainsi, le mal et la lutte ne sont pas des conditions provisoires de la volonté.

Donc la moralité est une antinomie ; car l'existence du mal moral est une nécessité. D'une part, nous tendons à la paix, à la destruction du mal ; d'autre part, quand il n'y a pas de lutte, il n'y a ni vertu, ni dignité, ni grandeur. Nous pouvons dire avec Corneille :

Ce n'est qu'en ces assauts qu'éclate la vertu,
Et l'on doute d'un cœur qui n'a point combattu.
(*Polyeucte*, I, 3.)

Enfin l'harmonie, le calme est un état inférieur à celui de l'homme. Pour y atteindre il faudrait revenir à l'animalité ; c'est là que nous trouverions la paix.

La lutte est nécessaire. La lutte suppose le libre arbitre. On ne lutte que parce qu'on croit pouvoir triompher. Il ne suffit pas ici de cette liberté transcendante qui se détermine elle-même. Nous voulons lutter pour la raison et être la raison incarnée et vivante. Je crois qu'aujourd'hui encore la morale suppose la croyance au libre arbitre.

Ainsi, la morale de Leibniz n'est pas suffisante. Il a fait à la science les plus larges concessions, et la morale à laquelle il est arrivé ne satisfait pas. Il n'a pas réussi à tirer la morale de la science.

VI.

Nous avons deux partis à prendre.

Nous pouvons, d'abord, nous en tenir aux faits, prendre pour point de départ de nos raisonnements l'observation des choses. C'est ce que Leibniz avait essayé de faire ; mais il n'est pas arrivé de cette façon à constituer une morale. Depuis, on a essayé encore, et on a vu que de l'observation des choses on tire la connaissance de ce qui est, et non de ce qui doit être. — Spinoza a tiré une morale non de l'être donné, mais de l'être absolu. Leibniz, qui part de l'être

TABLE DES MATIÈRES

La Philosophie Allemande au XVIIe siècle

REPRODUCTION PHOTOGRAPHIQUE
PAR L'IMPRIMERIE FRANÇAISE DE MUSIQUE
ET REPRODUCTION PHOTOMÉCANIQUE
PARIS 1948 - Imprimé en FRANCE